Enrique Dussel

COLECCIÓN
ROSTROS DE LA FILOSOFÍA
IBEROAMERICANA Y DEL CARIBE

dirigida por Ricardo Espinoza Lolas

Jorge Zúñiga M.

Enrique Dussel

Retratos de una filosofía
de la liberación

Herder

Diseño de la cubierta: Toni Cabré

© *2022, Jorge Zúñiga M.*
© *2022, Herder Editorial, S.L., Barcelona*

ISBN: 978-84-254-4897-3

Imprenta: Liberdúplex
Depósito legal: B-14385-2022

Impreso en España - Printed in Spain

Herder
www.herdereditorial.com

ÍNDICE

A Enrique Dussel, mi Maestro,
con eterno agradecimiento

PRÓLOGO

Ricardo Espinoza Lolas

*La filosofía de la liberación es el contradiscurso de la
modernidad en crisis y, al mismo tiempo, es transmoderna.
La filosofía moderna eurocéntrica desde el* ego conquiro
(yo conquisto, protohistoria del ego cogito*), situando a los
otros pueblos, a las otras culturas, y con ello a sus mujeres y
sus hijos, los dominó dentro de sus propias fronteras como
cosas o útiles manipulables bajo el imperio de la razón
instrumental. La ontología los coloca como entes interpretables, como ideas conocidas, como mediaciones o posibilidades
internas al horizonte de comprensión del ser [...]. Esa
ontología eurocéntrica no surge de la nada. Surge de la
experiencia práctica de dominación sobre otros pueblos, de
la opresión cultural sobre otros mundos. Antes que un* ego
cogito *hay un* ego conquiro *(el «yo conquisto» es el
fundamento práctico del «yo pienso»). El centro se impuso
sobre la periferia desde hace cinco siglos. Pero ¿hasta
cuándo? ¿No habrá llegado a su fin la preponderancia
geopolítica del centro? ¿Podemos vislumbrar un proceso de
liberación creciente del mundo periférico? Para ello
deberíamos ir más allá de la modernidad, pero no en el*

sentido de un posmodernismo nihilista. Nuestro camino es
otro, porque hemos sido y somos la «otra-cara» de la
modernidad. Se trata de un proyecto «transmoderno»,
«metamoderno», que debe asumir el núcleo racional
moderno, pero debe saber criticarlo superándolo.

E. DUSSEL, *Filosofía de la liberación*

Este epígrafe expresa todo lo que ha hecho el filósofo Enrique Dussel a lo largo de tantos años y décadas, a saber, crear, ni más ni menos, una filosofía de la liberación junto a otros grandes pensadores de América Latina (Augusto Salazar Bondy, Leopoldo Zea, etc.). Y, por tanto, en nuestra colección «Rostros de la filosofía iberoamericana y del Caribe» debía estar Dussel con un volumen que lo mostrará en lo esencial de su gran y variada obra y, a la vez, con las proyecciones que nos permite esta obra para leer el presente y transformarlo; no solo el presente de todos los que habitan América Latina, sino el que nos acontece a todos como humanos de estos tiempos de capitalismo y modernidad que se resiste obstinadamente a dejarnos, y en el que el otro todavía no tiene cabida en y por sí mismo. Por esto su obra se vuelve vital para nosotros y hoy son los jóvenes los que están llamados a realizar las tareas que ha generado dicho pensamiento liberador. El mismo Dussel en el epílogo de este libro nos dice cuál es la tarea de su obra para estos tiempos: «La tarea solo ha comenzado. Una *escuela* de filosofía de la liberación en ciernes tendrá mucha materia para ser pensada crítica y filosóficamente en el próximo y mediano plazo. Tarea de los que hoy son jóvenes» (p. 196). Uno de esos jóvenes brillantes es el autor del libro, Jorge Zúñiga, filósofo mexicano, pero ya con una larga trayectoria, y que en estos tiempos es como el *alter ego* de Dussel; no solo tienen una bellísima relación maestro-discípulo, sino que de verdad son grandes amigos y se conocen al milímetro, en el gesto, en la sonrisa, en el silencio, en el compromiso ético-político. Esto es muy importante destacar, porque el volumen que usted tiene en las manos no solo tiene la aprobación del mismo Dussel, sino que en cierta forma fue escrito por ambos; es un escrito a cuatro manos. El maestro Dussel ha estado totalmente imbricado en la elaboración misma de su texto porque sabe de la importancia de tener un mo-nográfico dedicado a su pensamiento en estos mo-mentos de su vida, con ochenta y siete años, y además un monográfico publicado en esta colección con el prestigio internacional que tiene la Editorial Herder, lo cual nos da un tremendo orgullo a todos. Este es un libro no solo leído por Dussel, sino comentado con él en la intimidad, revisado con él, con notas del texto mismo que pasan por Dussel y sus vivencias personales, y por eso tenemos también al final ese importante epílogo como un gran colofón, y a la vez lo deja como una obra necesaria para dar cuenta de la obra del maes-tro y de lo que se debiera hacer de ahora en adelante. Entonces tenemos un libro «acerca» de Dussel con el mismo Dussel dentro de libro, es decir, un libro redu-plicativamente: Dussel. ¿Y por qué esto es tan importante? Por lo dicho al inicio de este prólogo, a saber, el filósofo argentino-mexicano es creador de una filosofía, desde América Latina, y eso por sí mismo es algo que merece toda nuestra atención y admiración (él no es un filósofo reproductivo del *establishment* académico); no solo los europeos hacen filosofía, sino que los humanos en distintas partes pueden generar una reflexión crítica y conceptual que busque no solo mostrar la realidad de cada uno de nosotros (una realidad siempre situada materialmente), sino también enriquecerla y volverla en el mejor de los «mundos posibles», en donde cada uno pueda ser considerado en su diferencia, en su otredad, en donde cada uno tiene voz para expresar el mundo en el que quiere habitar. El mundo de Dussel es el Sur global («como la fuente creadora del plusvalor del colonialismo») (p. 101, n. 19), pero abierto a todos los otros mundos que se dan hoy en día.

Dussel es como nuestro Habermas (o Habermas es, para los europeos, nuestro Dussel); además, el filósofo no se queda únicamente en el asunto americano (algo que a veces suele suceder con otros pensadores de la región), sino que como todo buen filósofo de tomo y lomo disputa el universal, esto es, lo que son las cosas sin más y en ello lo humano mismo. Y se lo disputa a Hegel, Schelling, Marx, Adorno, Heidegger, Lévinas, Habermas, Honneth… o sea, es un pensador que al realizar un proyecto «transmoderno», pues es eso la filosofía de la liberación, no solo da cabida a lo americano, sino que todos los humanos en distintas partes de este pequeño planeta son asumidos dentro del filosofar de Dussel. Su filosofía es literalmente una filosofía de la «liberación», porque formalmente nos libera. ¿Y de qué nos libera? Nos libera de unas cadenas que llevamos y a veces no nos damos cuenta de que las llevamos a cuestas (o no queremos darnos cuenta), esto es, son las cadenas que emplean algunos para decirnos (y determinarnos) que somos inferiores a ellos; por tanto, que existen unos de primera y otros de segunda, unos para ser señores y otros para ser esclavos. Y así, con estas cadenas, muchos somos considerados periferia respecto del centro, de algún centro, de algún yo céntrico. Hay muchas formas de ser periferia, por ejemplo, como americanos, africanos, palestinos, pobres, mujeres, LGTBQIA+, pueblos nativos, algunos pueblos europeos no imperialistas, todas las formas de ser «Sur» (respecto de un Norte hegemónico), etc. Es decir, todos somos periferia respecto de algún centro, porque lo propio de lo humano es ser diferente, pues el centro no sabe qué hacer con la diferencia, solo sabe esclavizarla de alguna manera y hacerla trabajar para sí. La «transmodernidad» de Dussel es liberación de los múltiples pueblos oprimidos que se entretejen en este pequeño planeta capitalizado por los mismos de siempre, y que ya no son solo los europeos, sino que en la actualidad son, especialmente, los estadounidenses, los chinos, etc., y su modo ideológico altamente capitalista, militarizado y empresarial para colonizarnos, en donde el otro ha sido cancelado.

Para mostrar este proyecto de «trans-modernidad», de «trans-centralidad», de «trans-yo», de «trans-narcisismo», etc., y que, por tanto, se nos vuelve en una filosofía teórica-práctica, porque nos libera del yugo del yo narciso imperialista que nos esclaviza, Jorge Zúñiga nos ofrece un libro que como una Scheherazade, como un rapsoda, nos lleva por los vericuetos mismo del pensamiento de Dussel y de su vida a lo largo de décadas, de Argentina a Israel pasando por Europa y México, y tantos lugares por donde ha caminado y pensado el filósofo de la liberación: el mismo Dussel se ha ido liberando de sus cadenas periféricas a lo largo de la vida. Esto lo explica muy bien Zúñiga en este libro y nos hace ver que una filosofía es ética y a la vez transformadora (lo mejor de Marx y Lévinas dentro de Dussel): «Si una ética filosófica o una filosofía política no piensa las bases prácticas normativas y políticas para *salir* de los niveles de exclusión y empobrecimiento inéditos que vivimos hoy en día, están destinadas a ser, en el mejor de los casos, relatos solo acumulados en una biblioteca» (p. 188). Y por lo mismo este libro no pretende ser otro libro de biblioteca (que se quedará cubierto de polvo en una estantería), sino que se lee de forma apasionado y mientras vamos de la mano fina de Zúñiga, observando el filosofar vital de Dussel, vamos, a una, en un proceso de lectura que nos transforma a nosotros desde ser meros lectores a pasivos a agentes reales de cambio.

El libro de Zúñiga se nos vuelve un bello atlas para no perdernos en la inmensa galaxia Dussel, su obra es muy extensa y traducida a múltiples idiomas (lo verán en el apéndice 1). Y en este atlas acontece Dussel radicalmente, podemos ver al filósofo por medio de hitos vitales muy importantes que nos permiten leerlo desde dentro y entender lo que buscaba con su teorización y a la vez lo que disputa contra otras filosofías. Y en lo que hace Zúñiga tampoco cae en una céntrica interpretación del maestro, no nos quiere dar una lectura acabada y totalitaria del pensador de la libertad; esto sería totalmente contradictorio con Dussel y su filosofar. El joven filósofo, fiel al maestro, nos deja al final del libro *ad portas* para poder leerlo y generar en nosotros mismo un camino de liberación, esto es, liberarnos de ese yo que siempre nos pesa, nos atormenta y nos esclaviza. Un yo que nos impide vivir con y el otro, incluso con el Otro que somos cada uno.

El libro está escrito, como señalé, a través de múltiples hitos materiales en la vida de Dussel, a lo largo de los años y va mostrando cómo se va construyendo su filosofía de la liberación y los matices que va adquiriendo por medio de esos hitos. En ello podemos ver las influencias del autor, los conceptos que va tomando de ciertos sistemas filosóficos, teológicos, éticos, etc., cómo los modifica, los actualiza, los hace estallar desde dentro, para lograr esa liberación de todas las periferias. Y este hacer de Dussel con los conceptos acontece en la medida misma que va viviendo, y siendo actor del mismo devenir histórico, de lo más complejo que ha pasado al final del siglo xx y en este inicio del siglo xxi, a saber, los regímenes totalitarios administrados por el capitalismo más voraz jamás existido y que pretende dominar y esclavizar al humano. Por eso su filosofía es una ética: «La ética de la liberación no quiere aparecer como novedad. Querría aparecer como una puesta al día de una tradición milenaria, pisoteada por el cinismo del capitalismo globalizador, que se pretende el máximo exponente de la ciencia y la razón, siendo en verdad una decadencia ética, irracional e insensible al dolor de las víctimas».[1]

Los invito a leer este libro que nos permite entender nuestra vida precaria de la mano maestra de Dussel y así poder ver que sí tenemos la posibilidad de transformarla, de transformar nuestras regiones, nuestro Sur, cualquiera que este sea, y superar estos tiempos de servidumbre y de eliminación del otro, porque ese «odio al otro» que hoy se vocifera en múltiples lugares atenta contra lo más propio de nosotros, esto es, nuestra libertad. Estamos ante un Dussel, en esta colección de Herder, muy bien leído, en su sangre y en su cuerpo, por Jorge Zúñiga, a la altura de una historia que nos demanda que la cambiemos. Y esto se agradece de verdad porque no es común tener un libro con estas características y con el mismo Dussel presente en él desde el inicio hasta el final. Un final siempre abierto y que depende de usted, mi querido lector.

Concón, 29 de enero de 2022

1   E. Dussel, *Ética de la liberación en la edad de la globalización y la exclusión*, Madrid, Trotta, 1998, p. 635.

INTRODUCCIÓN

Uno de los filósofos latinoamericanos más conocidos en nuestro ámbito, cuyo impacto ha sido preponderante tanto dentro como fuera de América Latina, cuyos planteamientos y tesis, siempre ancladas en la realidad histórica mundial contemporánea, han sido refutadas y elogiadas en igual medida y cuya obra ha sido traducida al alemán, coreano, francés, inglés, italiano, mandarín, neerlandés y portugués, es Enrique Dussel. Su pensamiento y producción científica confluyen en la preocupación constante por expresar teóricamente una praxis de la liberación de los pueblos excluidos por el sistema-mundo-capitalista-neocolonial, en particular la de los pueblos latinoamericanos.

Y es que alguien que se pronuncia sobre el presente que nos aqueja siempre será más controvertido que aquel que habla de la filosofía muerta, de los filósofos clásicos con los que ya no podemos dialogar. Se trata de un filósofo que no debe ser apartado de los debates contemporáneos de la filosofía práctica y de la historia de América Latina, uno que no debe resultar indiferente a quienes tengan como objetivo la transformación de las relaciones de dominación.

Si bien lo anterior enmarca los esfuerzos teóricos desarrollados durante más de cincuenta años de trayectoria académica y de vinculación con los movimientos sociales, estudiantiles y populares, es necesario considerar que tras todo ese entramado subyace una serie de líneas teóricas que chocan con las tesis y posiciones habituales de la enseñanza de la filosofía tradicional: la filosofía que aún se imparte en la mayoría de las academias filosóficas, comenzando por el aparente hecho histórico de que la filosofía nació —por un «milagro»— en Grecia, desplazándose a Roma, para alcanzar la Edad Media y seguir madurando en la modernidad europea con René Descartes, Emmanuel Kant y G. W. F. Hegel. Este desplazamiento lineal que hoy en día se mantiene en los libros de historia de la filosofía, así como en las introducciones a la filosofía práctica y teórica, choca con un muro cuando se contrasta con las llamativas tesis que Dussel ha fijado a lo largo de su obra, desde *El humanismo semita*[1] hasta *Política de la liberación. Historial mundial y crítica*.[2]

Esto es de especial relevancia, pues consideramos adecuado que para adentrarse en la obra de Dussel, la

1   E. Dussel, *El humanismo semita. Estructuras intencionales radicales del pueblo de Israel y otros semitas*, Buenos Aires, Eudeba, 1969.
2   *Id.*, *Política de la liberación, t. 1. Historia mundial y crítica*, Madrid, Trotta, 2007.

ruta de acceso más adecuada no son sus obras vinculadas directamente a la filosofía, sino aquellas sobre la historia de la filosofía y la historia universal. Comenzar por aquí ayuda a entender de forma más viva su pensamiento, sin eludir las abstracciones presentes en ella, propias de la filosofía, pero sin entenderlas al margen de la lectura histórica y geopolítica con la cual Dussel lee la filosofía europea y de los pueblos excluidos por la modernidad. Asimismo, esto nos ayudará a entender aquellos conceptos, categorías e ideas fundamentales de su filosofía y pensamiento, tales como «exterioridad», «vida», «crítica», «método ana-léctico», «eurocentrismo», «ética-crítica», «moral vigente», así como sus diálogos y debates representativos como aquellos con Karl-Otto Apel y Franz Hinkelammert, principalmente.

Este libro, pensado como una introducción y a la vez síntesis de la filosofía de Enrique Dussel, destacado filósofo argentino-mexicano del último cuarto del siglo XX y del primero del XXI, trata de entrelazar cuatro elementos esenciales para entender su pensamiento: biografía, historia, filosofía y praxis política, todos ellos necesarios como referente para componer el marco completo de esta filosofía claramente vinculada a una articulación consistente entre teoría y praxis, aunque desde una perspectiva radicalmente diferente al marxismo y al pragmatismo estadounidense, las dos escuelas filosóficas que más han aportado a la vinculación entre teoría y praxis. Cabe destacar que la producción teórica de Enrique Dussel abarca más de setenta libros publicados, cuyo contenido varía entre filosofía, historia (de la filosofía, de la Iglesia en América Latina, y otros temas relacionados), política y teología. Dadas las características de este volumen, está claro que no se puede abordar toda su obra, mucho menos interpretaciones *in extenso* de ella; no obstante, sí presenta una síntesis que permite acercarnos al planteamiento general de este autor. Así pues, resulta evidente que no podremos hacer referencia detallada, ni siquiera superficial en algunos momentos, de cada uno de los libros o de las tesis que componen la producción teórica e histórica de Enrique Dussel.

Quisiéramos mencionar, por último, que el subtítulo del libro, «Retratos de una filosofía de la liberación», pretende reflejar nuestra intención de mostrar instantes teóricos e históricos de una trayectoria del autor que ya supera los cincuenta años. En ese sentido, los capítulos que integran este libro buscan sintetizar los momentos biográficos, históricos, políticos y teóricos más representativos para aproximarnos a la filosofía de Enrique Dussel. Por supuesto, esto no impide que a lo largo de este volumen se hagan referencias constantes a temáticas paralelas y obras relacionadas con las comentadas, así como una serie de datos e información que ayuda a entender el contexto del cual se trata en cada capítulo. Este recurso de síntesis permite que, al unir los retratos presentados, se pueda obtener la historia completa de la filosofía del autor, desde sus primeras aportaciones hasta las más recientes. Al final del volumen, el lector encontrará un apéndice que relaciona la obra publicada de este filósofo contemporáneo; estamos seguros de que les resultará útil a quienes estén interesados en profundizar en ella.[3]

Enrique Dussel es hoy el más destacado de una generación de filósofas y filósofos argentinos y latinoamericanos[4] que escogieron como tema de reflexión incesante la liberación de las relaciones de dominación y la conformación de una filosofía latinoamericana. Tanto él como muchos otros y otras no ha dejado de expresar, desde la década de 1970, su propio acento, de exponer problemáticas y líneas de investigación que desde diferentes partes del mundo siguen abriendo el camino para el desarrollo de la filosofía en América Latina.[5]

---

3   Cf. www.enriquedussel.com para una completa relación de las obras publicadas por el autor.

4   Adriana Arpini, en un trabajo reciente, ha hecho un repaso de las mujeres que formaron parte del movimiento filosófico de la liberación. Reunidas en la *Revista de Filosofía Latinoamericana*, publicada en Argentina entre 1975 y 1979, expresaban sus propias inquietudes del momento. Cf. A. Arpini, «Mujer y filosofía en el surgimiento de la filosofía latinoamericana de la liberación (1969-1979). La *Revista de Filosofía Latinoamericana*», en *Estudios de filosofía práctica e historia de las ideas* 21 (2019), pp. 1-34.

5   Ciertamente, la filosofía de la liberación de Dussel, que ha trascendido las fronteras de América Latina, es una de las filosofías latinoamericanas más comentadas, debatidas y explicadas en otros continentes.

Estamos, pues, frente a un autor que representa una de las muchas maduraciones de una generación, de un *locus* epistémico y de una historia compartida; en suma, de un movimiento colectivo.[6]

6   Este acento en la colectividad y pluralidad del movimiento filosófico de la liberación se quedado manifiesto en trabajos anteriores. Cf. N. Solís Bello *et al.*, «La filosofía de la liberación», en E. Dussel, E. Mendieta, y C. Bohórquez (eds.), *El pensamiento filosófico latinoamericano, del Caribe y «latino» (1300-2000). Historia, corrientes, temas, filósofos*, México, CREFAL-Siglo XXI, 2009, pp. 399-417.

MENDOZA, EUROPA Y MEDIO ORIENTE

Así como David Hume despertó a Kant del sueño metafísico, se podría decir que Leopoldo Zea despertó a Enrique Dussel del sueño eurocéntrico. No es, por otra parte, posible entender la filosofía de Dussel al margen de tres procesos históricos que motivaron su inicio, desarrollo y fortalecimiento: el proceso histórico, cultural y político de América Latina, las teorías filosóficas del siglo xx y aquel suscitado en el seno de su natal Argentina.

En el tránsito histórico por el siglo xx, América Latina experimentó revoluciones contra las élites criollas surgidas en el periodo independiente (México, Cuba, Nicaragua),[1] y ya no procesos de liberación de la dominación española, portuguesa o inglesa, como en el siglo xix, que estuvieron acompañados por diferentes movimientos filosóficos que buscaban las raíces latinoamericanas y su filosofía. A esto se suma la

---

1   Cf. A. Maldonado, S. Guerra y R. González, *Revoluciones latinoamericanas del siglo xx. Síntesis histórica y análisis historiográfico*, México, Universidad Michoacana de San Nicolás Hidalgo, 2006.

hegemonía geopolítica que Estados Unidos ganó en la región mediante el uso de instrumentos políticos y militares, esto último acentuado con la ola de golpes de Estado militares en Sudamérica.

No se trata ciertamente de una ruptura entre procesos históricos de diferentes épocas y momentos, sino de la continuidad en el proceso político de liberación de las colonias periféricas de América Latina. Si en el siglo xix Latinoamérica buscó romper con el colonialismo extranjero, en el siglo xx sus naciones lucharon por transformar las relaciones de dominación derivadas de la emancipación colonial del siglo anterior, llamando a una rebelión contra las élites que se hicieron con el poder institucional de los Estados independientes, además de una relación de dominación geopolítica y económica por parte de Estados Unidos, principalmente después de la Segunda Guerra Mundial.

Si el proceso histórico latinoamericano del siglo xix estuvo acompañado por filósofos independentistas y de la emancipación, como Servando Teresa de Mier, José María Morelos y Pavón, Simón Rodríguez, Simón Bolívar, José Cipriano de la Luz y Caballero,[2] Juan Bautista Alberdi, entre otros, el comienzo del siglo xx estuvo marcado por filósofos como José Ingenieros, José Vasconcelos, José Gaos, José Carlos Mariátegui y Leopoldo Zea, con quienes

---

2   Cf. L. Toussaint *et al.*, «Pensadores y filósofos de la emancipación», en E. Dussel, E. Mendieta y C. Bohórquez (eds.), *El pensamiento filosófico latinoamericano, del Caribe y «latino» (1300-2000), op. cit.*, pp. 739-751.

comienza a consolidarse la problemática y formularse la pregunta acerca del pensamiento latinoamericano, siendo el filósofo mexicano Leopoldo Zea quien bebe de estos planteamientos y amplía el horizonte de estas problemáticas, llevándolas al debate de la conformación de la filosofía latinoamericana.[3]

Esta generación de filósofos de la primera mitad del siglo XX es el antecedente de aquella que promoverá la discusión sobre si existe una filosofía en América, diálogo en gran medida impulsado por la publicación de *¿Existe una filosofía de nuestra América?*,[4] obra tan pequeña como provocadora de Augusto Salazar Bondy. A esta generación, que será seguida por Leopoldo Zea, Francisco Miró-Quesada, Luis Villoro, entre muchos otros, pertenece Enrique Dussel, cuya elaboración conceptual y teórica de su filosofía de la liberación responde en gran medida al reto que lan-

---

3   Cf. D. Ramaglia, «La cuestión de la filosofía latinoamericana», en E. Dussel, E. Mendieta y C. Bohórquez (eds.), *El pensamiento filosófico latinoamericano, del Caribe y «latino» (1300-2000), op. cit.*, pp. 377-397. Sobre los autores latinoamericanos que aquí y en lo sucesivo referiremos, remitimos al lector a la serie de trabajos reunidos en E. Dussel, E. Mendieta y C. Bohórquez, *El pensamiento filosófico latinoamericano, del Caribe y «latino» (1300-2000), op. cit.*, que reúne una amplia serie de escritos de corte enciclopédico y biográfico que ayudan a orientar la comprensión del surgimiento y desarrollo de la filosofía en América Latina. Carlos Beorlegui, en *Historia del pensamiento filosófico latinoamericano. Una búsqueda incesante de la identidad*, Bilbao, Universidad de Deusto, 2010, presenta también un vasto y exhaustivo trabajo sobre filosofía latinoamericana.

4   A. Salazar, *¿Existe una filosofía de nuestra América?*, México, Siglo XXI, 1968.

zaba Salazar Bondy en forma de pregunta, pues en su libro defendía que, dada la colonialidad de América, no se podía hablar de una filosofía *auténtica* o propiamente latinoamericana.

De estos filósofos, que además promovieron debates ulteriores en torno a la cuestión de la filosofía latinoamericana, fue Leopoldo Zea, con *América como conciencia*[5] y *América en la historia*,[6] quien representó una revelación para el joven Enrique Dussel. Así lo relata él mismo durante la década de 1960, cuando se encontraba en la Universidad de la Sorbona:

> Mi primer descubrimiento filosófico fue la fenomenología, gracias a la lectura atenta de Merleau-Ponty, de *La fenomenología de la percepción*, y del Husserl traducido por Paul Ricœur al francés. Pero, al mismo tiempo, descubrí al personalismo-fenomenológico del mismo Ricœur. Ahora eran *Historia y Verdad*, y su obra de ese año 1961: *La simbólica del mal*. Todo esto me permitió comenzar a cambiar mi horizonte categorial. Una transformación difícil, dura, exigente, novedosa. Procedía de una posición filosófica tradicional. El proyecto latinoamericano que iba tomando forma exigía otra formación teórica. En ese momento, en París, meditaba lo que indicaba el filósofo mexicano Leopoldo Zea en su obra *América en la historia* (1957), en el sentido de que América Latina estaba *fuera de*

5   L. Zea, *América como conciencia*, México, Cuadernos Americanos, 1953.
6   *Id.*, *América en la historia*, México, FCE, 1957.

la historia. Era necesario, desde nuestra pobreza colonial, encontrar un *lugar* en la Historia Mundial, descubrir nuestro ser oculto, reconstruir la historia de otra manera para «encontrarnos un espacio propio».[7]

Este testimonio indica las dos influencias que marcarán al joven Dussel: por una parte, la fenomenología (francesa y alemana), como se verá reflejado en *Para una ética de la liberación latinoamericana;*[8] por otra, la incesante problemática desarrollada por Leopoldo Zea sobre América Latina y su lugar en la historia, así

7   E. Dussel, *En búsqueda del sentido. Sobre el origen y desarrollo de una filosofía de la liberación,* México, Colofón, 2017, p. 29. En un ensayo de 1992, que trata específicamente sobre la filosofía de la historia latinoamericana de Zea, Dussel escribe: «Debo expresar que en esos años [de la publicación de "Iberoamérica en la historia universal" y sobre "La autoconciencia de la historia latinoamericana", artículos publicados en *Esprit,* en 1965] la obra de Zea *América como conciencia* (1953) me impactó de tal manera que desde aquel momento hasta hoy todo mi intento es justamente posibilitar la "entrada" de América Latina en la historia mundial (en cuanto a la autointerpretación histórica de la Humanidad, y en cuanto a la "comunidad filosófica hegemónica" […]. Debo agradecer a Zea, y por ello lo menciono en la dedicatoria, el haberme enseñado que América Latina estaba fuera de la historia». Años después repite: «*Fuera* quedan Asia por anacrónica y América y África por jóvenes o primitivas (*Filosofía de la historia americana,* 1978, p. 36). Vuelvo a plantear este tema en mi última obra *1492. El encubrimiento del Otro. Hacia el origen del "mito de la Modernidad"*». E. Dussel, «El proyecto de una filosofía de la historia latinoamericana», en *Cuadernos Americanos. Nueva Época* 35 (1992), p. 211, n. 34.

8   *Id., Para una ética de la liberación latinoamericana,* tomos I-II, Buenos Aires, Siglo XXI, 1973.

como la tarea de encontrar y desarrollar una filosofía latinoamericana.[9] Esta será, sin embargo, una de las primeras estaciones en el camino de Dussel, pues en esa búsqueda incesante cobrará relevancia su experiencia como estudiante en Europa, lo que irá constituyendo el *ethos* filosófico que comenzará a desarrollar de forma sistemática en su filosofía de la liberación.[10]

Proveniente de Mendoza, provincia alejada de Buenos Aires y colindante con Chile,[11] Dussel viajó a Madrid para cursar su doctorado en Filosofía en la Universidad Complutense. Este proyecto académico representó un período de diez años fuera de Argentina, primero en Francia, donde cursó una licenciatura en Teología en el Instituto Católico, y un segundo doctorado, esta vez en Historia, en la Universidad de la Sorbona, para después pasar dos años entre Israel, Nazaret y Alemania. Durante la larga estancia en Europa, Dussel experimentó vivencias existenciales que se verán reflejadas tanto en su obra filosófica como de historia de la filosofía y de las civilizaciones milenarias. Sobre su estadía en Madrid, relata:

9   Sobre Leopoldo Zea, cf. T. Medin, *Leopoldo Zea: ideología y filosofía de América Latina*, México, Universidad Nacional Autónoma de México, 1983; G. Leyva, *La filosofía en México en el siglo xx. Un ensayo de reconstrucción histórico-sistemática*, México, FCE-Secretaría de Cultura, 2018, pp. 423-451.

10   Cf. E. Dussel, *En búsqueda del sentido, op. cit.*, cap. 1.

11   Cf. *Ibid.*, pp. 16-20, para un extenso recuento de sus experiencias contadas por él mismo.

Deseaba con pasión ir a Europa, y yendo hacia ella había tropezado, descubierto, *para siempre*, el mundo periférico que había estado antes fuera de mi horizonte teórico y práctico. Barcelona, el puerto, el tren de Madrid, el Colegio Guadalupe donde vivían doscientos estudiantes de todos los países latinoamericanos. Ahora América Latina tenía rostros diversos, nombres, vidas, amistades. En Madrid terminé de descubrir América Latina y se desarrolló una experiencia no sospechada con anticipación: no era europeo [...], sino latinoamericano.[12]

¿Por qué se descubría Dussel como latinoamericano en Madrid? Hijo de padre con ancestros alemanes y de madre de familia italiana, ambos originarios de Buenos Aires, creció en la provincia de Mendoza, lejos de la capital. Creció y se educó en una zona pobre, provinciana: «Soy entonces provinciano, "de tierra adentro" (en Brasil: *sertanejo*), de andar descalzo o a caballo; alguien que ama la tierra, el polvo, el agua de los canales, la sombra de los árboles, la gente, lo campesinos».[13] Durante su vida en Mendoza y en Buenos Aires, Dussel no había tenido contacto cercano con los rostros de la Patria Grande, América Latina. Su encuentro con los hermanos y hermanas latinoamericanas lo experimentará en Madrid, como él lo relata. Pero también será en Madrid donde se descubrirá existencialmente como latinoamericano, aunque sus

12   *Ibid.*, pp. 21-22.
13   *Ibid.*, p. 18.

31

padres eran descendientes de familias de Europa «central». Frente al *ego europeo*, Dussel descubre su latinoamericaneidad.

De hecho, descubrirse latinoamericano en Europa, descubrir los diferentes rostros de la Patria Grande, como la llamaría Simón Bolívar, se da junto con su viaje a Jerusalén. Allí vivenciará el Otro de Europa, ya no latinoamericano sino semita que, aunque constitutiva de Europa, se trata de una cultura relegada en la historia de la modernidad helenocéntrica a un estadio premoderno, como paso necesario pero no suficiente de la madurez de Europa. Sin embargo, el periodo que Dussel pasó en Jerusalén será decisivo en su historia vital y filosófica, pues su motivación era la búsqueda de los orígenes latinoamericanos o, al menos, uno que marcó a América Latina: el cristianismo heredado por la intervención militar de la corona española en Amerindia y su continuación pedagógico-cultural por parte de los primeros franciscanos llegados a Tenochtitlán, nombre del entonces centro del valle de México.[14]

14 «Con cien dólares, que me envió mi padre para ir a un campo de trabajo en Alemania, partí mochila en *auto-stop* hacia París […]. En Montmartre cambié de rumbo gracias a Charles de Foucault (un místico francés que vivió en Nazaret y murió entre los Taourecs del Sahara). En vez de Alemania me iría a Israel, a buscar en el Oriente el origen de América Latina […]. Estuve por primera vez dos meses en la Jerusalén árabe. De Jerusalén a Tel-Aviv, a Haifa, a Nazaret. Allí tuve conocimiento de Paul Gauthier, un obrero y sacerdote francés. Me invitó a regresar cuando terminara mi doctorado en Madrid. Un mes de trabajo manual en el *shikún*

De regreso en Israel, invitado por Paul Gauthier, sacerdote francés que conoció en su primer viaje a ese país de Medio Oriente, Dussel vivió y trabajó de carpintero en Nazaret, ciudad en la que también encontró al Otro expresado en la pobreza, la opresión y la miseria. El Otro ya no solo era América Latina, sino también la comunidad árabe, en la que vivenció *otro modo de ser*:

> La vida en comunidad entre los compañeros árabes junto a Paul Gauthier, abrió mi mente, mi espíritu, mi carne, a un proyecto nuevamente insospechado. Ahora no era solo América Latina; ahora eran los «pobres» (obsesión de Paul Gauthier), los oprimidos, los miserables de mi continente lejano.[15]

Será durante las conversaciones que mantenía tanto con sus compañeros como con Paul Gauthier cuando Dussel tendrá uno de esos momentos reveladores que, siguiendo su relato, despertarán su proyecto filosófico y político, que desarrollará los siguientes sesenta años de su vida, hasta la fecha:

> Contándole la historia latinoamericana una de esas noches frescas en nuestra pobre barraca de la cooperativa de construcción hecha para trabajadores árabes que cons-

(cooperativa) árabe [...]. De retorno a España por Tel-Aviv, Marsella, Toulouse, Madrid, debí acelerar la tesis doctoral para retornar a Israel». *Ibid.*, pp. 22 y s.

15   *Ibid.*, p. 25.

truían sus propias casas de Nazaret, me entusiasmé con un Pizarro que conquistaba el Imperio inca con pocos hombres. Gauthier mirándome a los ojos preguntó: «¿Quiénes eran en aquella ocasión los pobres, Pizarro o los indios?». Aquella noche, con una vela por toda iluminación, escribí a mi amigo historiador mendocino Esteban Fontana: «¡Algún día deberemos escribir la historia de América Latina del otro lado, desde abajo, desde los oprimidos, desde los pobres!». Era 1959, antes de muchas otras experiencias. Esta era la «experiencia originaria» que se instalaba debajo de toda transformación epistemológica, teórica, filosófica o hermenéutica futura. Fueron años de exclusivo trabajo manual, diez horas por día, entre pobres obreros cristianos palestinos de la construcción excluidos injustamente en un Israel que ejercía un racismo despectivo y opresor con respecto a mis compañeros palestinos. Yo mismo era miembro de la Istadrutz (Confederación de los Trabajadores de Israel), *tavzán gimel* (carpintero de «tercera» categoría), entre árabes discriminados en mi apreciada Israel.[16]

Este testimonio encarna el desarrollo mismo de la filosofía de la liberación de Dussel desde encontrarse a sí mismo como un Otro (latinoamericano) en Europa hasta la experiencia comunitaria con los israelíes-árabes, pasando por la incesante cuestión latinoamericana que Leopoldo Zea había expresado en *América como conciencia* y en *América en la historia*, obras siempre

16   *Ibid.*

en la mente de Dussel durante su estadía en Europa y en Medio Oriente. Estos eventos construirán los cimientos de lo que en las décadas sucesivas implicará la ardua tarea de un desmontaje de la historia de los pueblos oprimidos y excluidos del periodo colonial en América Latina, así como la primera experiencia de lo que posteriormente llamará diálogo Sur-Sur.[17]

No obstante, en el caso particular de la influencia de Zea, aunque Dussel lo identifica como «el gran maestro del pensar latinoamericano»,[18] tomará en cierta medida otro camino conceptual y teórico, alargándolo, partiendo de la filosofía de la historia latinoamericana del filósofo mexicano, pero potenciando las propias categorías de interpretación y conceptos de la filosofía de la liberación. Así como Hume despertó a Kant del sueño metafísico y posteriormente Kant tomó un camino que introdujo al primero en la filosofía trascendental, Zea despertó a Dussel del sueño eurocéntrico, haciendo del pensamiento del filósofo mexicano parte integrante de su filosofía de la liberación, llevándolo por caminos de mayor complejidad

17   Estos son los antecedentes de por qué Dussel escribirá *El humanismo semita* como respuesta a los relatos tradicionales de la historia de la filosofía en los que los griegos siempre aparecen como los grandes filósofos de la historia antigua negando las otras formas de reflexión sobre el *ethos* que se formó en otras civilizaciones. Cf. E. Dussel, *El humanismo semita, op. cit.*
18   E. Dussel, «El proyecto de una filosofía de la historia latinoamericana», *op. cit.*, p. 216.

conceptual y reflexiva. En el fondo, dos proyectos paralelos que, con el tiempo, se distinguirán entre sí.

Después de diez años fuera, en agosto de 1966[19] Dussel regresa a Argentina y al *locus* desde el cual, afirma, iniciará la filosofía de la liberación: su Mendoza natal. En el siguiente pasaje explica por qué es justo allí donde surge la filosofía de la liberación:

El populismo, en ambas vertientes radical y peronista, ha sido lo mejor del capitalismo subdesarrollado, débil, periférico en Argentina: nacionalista, pequeñoburgués (en el caso radical) u obrerista (en el peronismo). Sin embargo, ambos, al fin, dentro de un proyecto de *capitalismo* periférico con pretensiones de autonomía.

19   Cf. E. Dussel, *Historia de la filosofía y filosofía de la liberación, op. cit.*, p. 83. n. 3. Para 1966, cuando Dussel regresa a Argentina, el país ya había vivido cinco golpes militares en un contexto en el que Estados Unidos había ganado hegemonía geopolítica y económica en la región latinoamericana y comenzaba a implementar y apoyar golpes de Estado. Resulta importante recordar que Guatemala siempre ha sido la puerta de entrada de Estados Unidos, por intermedio de sus agencias de intervención extranjera, en la región cuando ha querido implementar su política intervencionista por medio de golpes de Estado: lo hizo en 1954 contra el gobierno de Jacobo Árbenz Guzmán, extendiéndose a toda la región entre las décadas de 1950 y 1970, lo hizo también en 2009 con el golpe de Estado jurídico y legislativo contra Manuel Zelaya, estrategia de la denominada *guerra blanda* que se extenderá a otros países de la región, cuyo mayor éxito se dio en Brasil con la destitución de Dilma Rousseff como presidenta electa y la interrupción de su gobierno en 2016. Estos son acontecimientos históricos que no pueden dejarse de lado para entender la filosofía de la liberación en su versión dusseliana, que se formula como una teoría contestataria del orden de dominación geopolítico mundial y regional.

Autonomía que siempre se mostró imposible dentro del proyecto capitalista que tanto el radicalismo como el peronismo nunca pusieron en tela de juicio y, por ello, siempre sucumbieron ante la clase dominante propiamente articulada al capitalismo y al mercado mundial: la fracción de clase *exportadora* de la producción agrícola de la pampa húmeda. No es por ello extraño que la filosofía de la liberación floreció fuera de dicha pampa húmeda: nació en Mendoza, en las cordilleras, y se hizo firmemente presente en Neuquén, Río Cuarto, Salta, Córdoba y otras universidades del interior, pero también en Santa Fe, Bahía Blanca y, como por asalto, llegó a Buenos Aires en las «Semanas Académicas» de San Miguel desde 1969 —que se iniciaron con 150 participantes y en 1974 eran ya 800 […]—, haciéndose ya latinoamericana con la presencia de Salazar Bondy, Schwartzman, Leopoldo Zea, etc.[20]

20   *Ibid.*, p. 57, énfasis en el original.

EL RETORNO A ARGENTINA Y LOS INICIOS
DE LA FILOSOFÍA DE LA LIBERACIÓN

De regreso en Argentina, a partir de agosto de 1966, Enrique Dussel formará parte de una generación de profesores y profesoras que confluirán en el movimiento de la filosofía de la liberación. Esta corriente filosófica con origen en Argentina, pronto atraerá a autores de distintas nacionalidades. Así pues, una generación de profesores se congregó en el contexto de la Argentina de finales de la década de 1960 y durante la década de 1970,[1] aportando ideas desde distintas áreas de la filosofía o poniendo énfasis en temas específicos. Esto permitió la consolidación de una variada y diversa generación de representantes de la filosofía

---

1 Cf. A. Arpini, «Mujer y filosofía en el surgimiento de la filosofía latinoamericana de la liberación», *op. cit.*; G. Marquínez, «Enrique Dussel, filósofo de la liberación latinoamericana (1934-1975)», en E. Dussel, *Introducción a la filosofía de la liberación*, Bogotá, Nueva América, 1995, pp. 11-57; L.M. Sánchez, «Enrique Dussel en México (1975-1994)», en E. Dussel, *Introducción a la filosofía de la liberación, op. cit.*, pp. 59-82; C. Beorlegui, «La generación de los años setenta. Las filosofías de la liberación», en C. Beorlegui, *Historia del pensamiento filosófico latinoamericano, op. cit.*, pp. 661-802; N.L. Solís Bello *et al.*, «La filosofía de la liberación», *op. cit.*

de la liberación, que bien puede aceptarse como denominación general de una corriente de pensamiento, pero que entre sus exponentes se ha desarrollado históricamente como una diversidad filosófica.

En este último sentido, sería más preciso hablar de filosofías de la liberación en América Latina que de filosofía de la liberación latinoamericana, pues esto último difuminaría las especificidades y acentos que hay entre exponentes de la talla de Arturo Roig, Juan Carlos Scannone, Ignacio Ellacuría, Osvaldo Ardiles, Enrique Dussel, Franz Hinkelammert, Carlos Cullén, entre otros representantes de este movimiento filosófico en América Latina. En este punto, cabe abordar cómo surge la filosofía de la liberación en Argentina y cómo en el seno de esta escuela Enrique Dussel comienza a perfilar gran parte de las problemáticas filosóficas e históricas que desarrollará en las décadas posteriores a su regreso a Argentina.[2]

La filosofía de la liberación es, para Dussel, un acompañamiento de la historia vista desde abajo, desde los excluidos y los oprimidos, desde los movimientos

2   No sería posible escribir aquí una historia exhaustiva del surgimiento de la filosofía de la liberación, su momento histórico y su desarrollo en el seno de la historia de la filosofía en América Latina, sobre todo considerando que *cada autor imprime su propio sello*. Por esta razón, las siguientes líneas se centrarán principalmente en el relato e historización que el propio Dussel nos ha ofrecido en *Historia de la filosofía y filosofía de la liberación*, Bogotá, Editorial Nueva América, 1994, y en varios de sus trabajos. Por otra parte, las referencias citadas en la anterior nota al pie también son útiles para profundizar en el tema.

estudiantiles, sociales y populares de liberación, así como del proceso de liberación colonial de América Latina. Sobre lo primero, la filosofía de la liberación es un testigo activo de la conmoción producida en 1968 cuando el gobierno de Gustavo Díaz Ordaz asesinó brutalmente a estudiantes en la Plaza de las Tres Culturas en la Ciudad de México, evento significativo en toda América Latina. Asimismo, los hechos ocurridos en la ciudad de Córdoba, Argentina, en 1969 conocidos como el «Cordobazo» serán trascendentales en la consolidación de la filosofía de la liberación.[3]

Como acompañante de los movimientos populares y estudiantiles, la filosofía de la liberación es una teoría que surge de los bordes de la propia ciencia filosófica, viéndose obligada a dialogar con otras ciencias y disciplinas. De ahí que, desde sus inicios, tenga un contacto estrecho con teorías económicas, sociales, pedagógicas, culturales y con la propia ciencia histórica. Teniendo como referente su propia realidad, su disposición a entenderla y transformarla, la filosofía de la liberación dialoga con estas otras teorías para ampliar su marco categorial y conceptual de interpretación. Parte importante de esto, y como una línea que

3   Se le conoce como el «Cordobazo», nombre designado por la ciudad de Córdoba, Argentina, al movimiento popular que precedió a la toma de esa ciudad el 29 de mayo por la población y por los estudiantes. En Argentina se le ubica como el movimiento que acompaña a los movimientos internacionales del 68: el mayo francés, Frankfurt, Tlatelolco, las protestas contra la guerra de Vietnam, la Primavera de Praga, etc.

permanecerá en la filosofía de la liberación de Dussel, es que al ser pensada desde América Latina, parte de la pobreza, de la exclusión del sistema-mundo-capitalista-colonial y de la negación de Amerindia como agente de civilización. En este sentido, desde sus inicios en Argentina, la filosofía de la liberación comienza a formularse como una teoría crítica del colonialismo y de ahí su propia exigencia de pensar incluso geopolíticamente.[4] Dussel expresa en los siguientes términos el contexto argentino en los primeros años de la década de 1970:

> La situación política desmejoraba a finales de la década del sesenta. Los alumnos exigían a los profesores mayor claridad política. La dictadura del general J. C. Onganía en Argentina tenía cada vez mayor oposición entre los grupos populares. En 1969 se produce el «Cordobazo» (la ciudad de Córdoba es tomada por estudiantes y obreros, reproduciéndose lo acaecido en México en Tlatelolco, en París o Frankfurt en el año anterior). En una reunión interdisciplinar con sociólogos en Buenos Aires escuché hablar por primera vez de la «teoría de la dependencia». Esta teoría hacia su camino, mostrando la asimetría económica centro-periferia, la dominación del Norte que condicionaba el subdesarrollo del Sur. Fals Borda publica *Sociología de la liberación* en Colombia; Augusto Salazar

---

4   Esto es importante como referencia para entender por qué la filosofía de la liberación de Dussel es hoy un pilar del pensamiento descolonial actual.

Bondy daba a conocer *¿Existe una filosofía en nuestra América?*[5]

Dussel expresa esto resumiendo la vinculación de la filosofía de la liberación con los movimientos sociales: «la filosofía de la liberación, surgida en Argentina, al final de los sesenta, ante el desarrollo, crisis y extinción de su hontanar nacional debió articularse a otros movimientos latinoamericanos —tales como los que se desarrollan en Centroamérica y el Caribe—».[6] Dussel ubica el surgimiento de la filosofía de la liberación entre 1969 (con el «Cordobazo») hasta las elecciones del 11 de marzo de 1973 cuando Héctor José Cámpora alcanzó la mayoría absoluta como candidato a la presidencia del Frente Justicialista de Liberación.[7]

A este ambiente de emergencia de teorías y movimientos se suma el descubrimiento por parte de Dussel de uno de los autores que marcarán su filosofía: Emmanuel Lévinas. Sugerido por Juan Carlos Scannone,[8] Lévinas ofrecerá a Dussel otro método para

5   E. Dussel, *En búsqueda del sentido, op. cit.*, p. 35.
6   *Id.*, *Historia de la filosofía y filosofía de la liberación, op. cit.*, p. 55.
7   Cf. *Ibid.*, p. 65. Así como con el nombre de este frente, que incluye el sustantivo y anhelo de *liberación*, otros movimientos populares de liberación en América Latina llamarán la atención de Dussel y desde su filosofía los acompaña. Algunos de dichos movimientos fueron el Frente de Liberación Nacional argelino (durante su estancia en París), el Frente Sandinista de Liberación Nacional (de Nicaragua) y el Ejercito Zapatista de Liberación Nacional (el EZLN de México).
8   Dicho sea de paso, Enrique Dussel verá en Juan Carlos Scannone el fundador del movimiento de la filosofía de la liberación.

salir de la ontología heideggeriana, abriéndose hacia la reflexión del más allá de la totalidad del sistema de dominación.[9] Exterioridad y alteridad, aquello que es distinto de la totalidad (lo mismo), son las categorías que darán un fuerte impulso a la filosofía de la liberación de Dussel en su camino de pensar América Latina como el Otro de la modernidad (europea). Dussel expone así la relevancia de quien considerará uno de sus maestros:

> ¿Por qué Lévinas? Porque la experiencia originaria de la filosofía de la liberación consiste en descubrir el «hecho» masivo de la dominación del constituirse una subjetividad como «señor» ante otra subjetividad como «oprimida», pero ahora en el plano mundial (desde el comienzo de la expansión europea en 1492, hecho constitutivo originario de la «modernidad», imposible de ser descubierto por E. Lévinas) centro-periferia en el mercado mundial; en el plano nacional (élites-masas, burguesía nacional-clase obrera y pueblo); en el plano erótico (varón-mujer); en el plano pedagógico (cultura imperial, elitaria, *versus* cultura periférica, popular, etc.), en el plano religioso (el fetichismo en todos los niveles); en el nivel racial (la discriminación de las razas no-blancas), etc. Esta «experiencia originaria» —vivida por todo latinoamericano aun en las aulas universitarias europeas de filosofía como ser colonial—, quedaba bien indicada en la categoría *Autrui* (otra persona como Otro) como *pauper*.[10]

9   Cf. E. Dussel, *En búsqueda del sentido, op. cit.*
10 *Ibid.*, pp. 36 y s.

Si bien Lévinas representa un hallazgo para Dussel, también lo será Herbert Marcuse[11] con su politización de la ontología heideggeriana.[12] El ser ya no es algo que solo deviene ontológicamente, sino que tiene un proyecto cultural de dominación imperial. Con la politización de la ontología (centro) y la alteridad y exterioridad lévinasiana (periferia), la filosofía de Dussel señala los marcos interpretativos para entender y plantear el proyecto de liberación geopolítico. Centro y periferia, conceptos de la teoría económico-sociológica de la teoría de la dependencia, ser y exterioridad, propios de la filosofía, apuntaban analógica y paralelamente hacia el mismo objetivo: mostrarse como el Otro en el sistema-mundo-moderno-capitalista y de ahí proyectar la liberación.

Al mismo tiempo, esta politización de la ontología desde la exterioridad pone a la vez las limitaciones de la fenomenología lévinasiana, pues si bien con *Totalidad e infinito*[13] se permitía la crítica a la totalidad desde la exterioridad, ella a la vez no ofrecía respuestas de la nueva totalidad por construir, aquella que niega la que afirma la opresión, la dominación y la exclusión. Dussel lo expresa de esta forma:

---

11   Cf. H. Marcuse, *El hombre unidimensional. Ensayo sobre la ideología de la sociedad industrial avanzada*, Barcelona, Planeta, 1993.

12   E. Dussel, *En búsqueda del sentido*, *op. cit.*, p. 39.

13   E. Lévinas, *Totalidad e infinito. Ensayo sobre la exterioridad*, Salamanca, Sígueme, 1977.

Pero bien pronto el propio Lévinas no pudo ya responder a nuestras esperanzas. Nos mostraba cómo plantear la cuestión de la «irrupción del Otro»; pero no se podía construir una política (erótica, pedagógica, etc.) que poniendo en cuestión la totalidad vigente (que dominaba y excluía al Otro) pudiera construir una nueva *totalidad* institucional. Esta puesta en cuestión crítico-práctica y la construcción de una nueva totalidad era, exactamente, la cuestión de la «liberación». En ello Lévinas no podía ayudarnos.[14]

Lévinas será un acompañante fundamental en la filosofía de Dussel, pero muy pronto se notó que para la construcción del nuevo orden, dejaba de ofrecer un marco interpretativo que ayudara a entender la situación de América Latina. Esto, sin embargo, quedó como un tema que será asumido con compromiso por la filosofía de la liberación de Dussel.

Como puede verse, la crítica a ciertos referentes teóricos importantes de Dussel, como es el caso de Lévinas, no se hacía a partir de la teoría por la teoría, sino de qué tanto podía ofrecer cierto autor sobre el proceso de liberación, tema que realmente le interesaba a Dussel. Si bien cierto que determinado filósofo o filósofa no se ajustaba a la problemática que le interesaba, también lo es que por esa misma razón no se encadenaba a ellos. Lo hizo con Leopoldo Zea, con Lévinas y lo hará con Marx, tres referentes importantes en la cons-

14   E. Dussel, *En búsqueda del sentido, op. cit.*, p. 41.

trucción de las bases de su filosofía. Pues para él la filosofía no se trata del comentario eterno de autores, ni tampoco de la fidelidad a autores consagrados, sino pensar desde el mundo cotidiano, en este caso el de una América Latina empobrecida y excluida de la geopolítica y economía mundiales. Teoría y praxis, pero ya no desde la historia de Europa, sino desde la realidad propia de América Latina y Medio Oriente, en un principio, continuando posteriormente desde las *otras* exterioridades del sistema-mundo-moderno-capitalista-neocolonial. En este sentido cabe la definición de filosofía de la liberación que ofrece Dussel en un texto de 1992:

> Se denomina «filosofía de la liberación» a la filosofía que usa categorías universalizables, a partir de la situación de dependencia, dominación, explotación de América Latina. Pero, al mismo tiempo, de toda otra posición de opresión: de la mujer, de las razas no-blancas, de la juventud, de la cultura popular, de los obreros explotados por el capitalismo, de continentes excluidos de los beneficios del capitalismo central, etc. Un metalenguaje universalizable, que parte desde América Latina.[15]

Veremos en los capítulos que siguen cómo se va formando conceptual, argumentativa y existencialmente ese metalenguaje de la filosofía de la liberación de Enrique Dussel.

---

[15]   *Id.*, «El proyecto de una filosofía de la historia latinoamericana», *op. cit.*, p. 216, n. 45.

PARA UNA ÉTICA
DE LA LIBERACIÓN LATINOAMERICANA
(1973)

El contexto político, histórico e intelectual descrito
abre el proyecto de la filosofía de Dussel. La filosofía
es una herramienta para liberar a América Latina de
sus estructuras coloniales. Asimismo, marcará la pauta
que guiará la formulación de la ética de la liberación
y su política. De forma específica, ese contexto inmediato se reflejará en *Para una ética de la liberación latinoamericana*, publicada en cinco tomos,[1] que a su vez
subsume la ética en las esferas prácticas del mundo
cotidiano: la política, la pedagogía, la erótica y la religión. Este esquema —ir de la ética a las esferas prác-

---

[1]   *Id.*, *Para una ética de la liberación latinoamericana*, tt. I-II, *op. cit.*; *Filosofía ética latinoamericana*, t. III. *De la erótica a la pedagógica*, México, Edicol,
1977; *Filosofía ética latinoamericana*, t. IV. *Política latinoamericana (Antropológica III)*, Bogotá, Universidad Santo Tomás, 1979; *Filosofía ética latinoamericana*, t. V. *Arqueológica latinoamericana. Una filosofía de la religión
antifetichista*, Bogotá, Universidad Santo Tomás, 1980. La publicación
de estos cinco tomos en Argentina no fue posible por el atentado que
Dussel y su familia sufrieron, hecho que los llevó al exilio en México.
Así pues, esta serie fue publicada en Argentina (tt. I y II), México (t. III)
y Colombia (tt. IV y V).

ticas del mundo de la vida cotidiana— ha estado presente a lo largo del desarrollo de su filosofía práctica y continúa hasta hoy.

Dussel escribe su primera ética de la liberación en 1973 en Argentina. Más adelante, en su ímpetu de formular una ética filosófica crítica que estuviera a la altura de la realidad latinoamericana y de los pueblos del Sur, se verá en la necesidad de reestructurar la ética de la liberación a partir del diálogo con Karl-Otto Apel en la década de 1990,[2] que lo llevará a publicar en 2016[3] una extensión explicativa de dicha ética. En síntesis, podríamos afirmar que Dussel ha escrito tres éticas filosóficas[4] y que cada una de ellas complementa a la anterior sin que se quiebre el marco general de la filosofía de la liberación (totalidad, exterioridad y nueva totalidad): las tres versiones están imbricadas y cada una responde a sus problemáticas y contexto.

2   Cf. E. Dussel, *Ética de la liberación en la edad de la globalización y la exclusión*, Madrid, Trotta, 1998.

3   Cf. *Id.*, *14 tesis de ética. Hacia la esencia del pensamiento crítico*, Madrid, Trotta, 2016.

4   Habría otra versión que podríamos identificar en *Ética comunitaria*, que recoge la lectura de Dussel acerca de los *Grundrisse* de Marx en la década de 1980. Cf. E. Dussel, *Ética comunitaria*, Cuenca, Ediciones Cristianas de Azuay, 1986. Sin embargo, por la constante referencia en la bibliografía especializada, así como por las propias referencias de Dussel a las tres éticas filosóficas antes mencionada, *Ética comunitaria*, tan importante como las otras, no la tendremos en este libro tan presente por razones de espacio, pues nuestro objetivo es que el presenta volumen sirva de introducción general a la filosofía de Dussel.

Este capítulo aborda algunas de las tesis fundamentales de la ética filosófica de 1973 —tomos I y II, particularmente—, que bien puede definirse como una ética filosófica fenomenológica ana-léctica, crítica de Heidegger y Hegel, con una marcada influencia de Emmanuel Lévinas, pero trascendiendo a este desde la realidad latinoamericana.

En *Para una ética de la liberación latinoamericana* Dussel se confronta con la filosofía de la modernidad, y siguiendo la crítica que Lévinas había presentado en *Totalidad e infinito*, muestra la forma en que se ha constituido el fundamento ontológico en la tradición de la modernidad-occidental-europea, cuyo origen, por el relato *eurocéntrico* y *helenocéntrico* de la historia de la filosofía, se ubica en la antigua Grecia.[5] Así, en la discusión de la moralidad de la totalidad, Dussel mostrará tres puntos relevantes: 1) la argumentación que la modernidad-occidental ha desarrollado desde los griegos sobre el proyecto de ser del *ser-ahí*; 2) cómo se fundan en el mundo las posibilidades ónticas del *ser-*

5 *Totalidad e infinito* es una amplia exposición crítica sobre la ontología de la filosofía moderna europea, tomando como referencia inmediata, principalmente, a Husserl y a Heidegger, y de la cual Dussel abreva para su propia filosofía. Cabe recordar por ahora el siguiente pasaje de dicha obra: «La filosofía occidental ha sido muy a menudo una ontología: una reducción de lo Otro al Mismo, por mediación de un término medio y neutro que asegura la inteligencia del ser. Esta primacía del Mismo fue la lección de Sócrates. No recibir nada del Otro sino lo que está en mí, como si desde toda la eternidad yo tuviera lo que me viene de fuera. No recibir nada o ser libre.». E. Lévinas, *Totalidad e infinito, op. cit.*, p. 67.

ahí, y 3) los principios propios que la modernidad ha afirmado como universales desde su particularidad histórica y regional. En ese sentido, la discusión girará en torno a la teoría axiológica —pensado en Max Scheler—, pues ella, al no criticar el fundamento y horizonte desde el cual los modernos deducen dialécticamente los valores de la totalidad, se queda en un nivel ontológico de reflexión y no metafísico, como se verá después:

> Los valores, sus jerarquías, las reglas de preferencia no son sino los diversos niveles dentro de los que se organizan las posibilidades en el plexo de significatividad [...]. Algunas posibilidades guardan más estrecha relación condicionada y condicionante con el poder-ser (mío, nuestro, de mi grupo, de mi época, de la historia universal presente, siempre fluyente...) y por ello decimos que valen más. El valer de una posibilidad [...] como cargada de una referencia más o menos exigente u obligante como condición de la posibilidad del advenimiento del poder-ser [...]. En este caso el valor no es el objeto de una intuición eidética o *a priori* (como lo propone Husserl, Scheler o Hartmann y con ellos toda la ética axiológica), sino que es el tema de la comprensión-interpretativa existencial de las mediaciones diferenciadas de las posibilidades fundadas en estar dado *(Gegebenheit)* del mundo o del horizonte del ser cuyo fundamento es en último término el poder-ser en cada caso, el mío, el nuestro.[6]

6   E, Dussel, *Para una ética de la liberación latinoamericana, op. cit.*, p. 73.

Este horizonte del mundo es a la vez el límite a partir del cual se entiende la totalidad como *totalidad de sentido*.[7] Sin embargo, la totalidad nunca se clausura, como un totalitarismo, aunque sea la pretensión de este, pues en realidad la totalidad nunca es «totalmente totalizada, sino que es por esencia *in-clausa*, fluyente, dialéctica. La temporalidad ha venido a quitarle posibilidad de cerrarse; la temporalidad como lo adviniente».[8] Este horizonte será el que habrá que superar desde el Otro como distinto en el mismo mundo,[9] y dando un paso más allá de la totalidad, Dussel desarrollará la crítica desde el Otro como distinto de la totalidad;[10] es lo que está allende de ella y que no se puede comprender desde donde se interpretan los entes del mundo. El Otro no está fundado en el mundo como diferente,

7   Cuando Dussel habla de totalidad, se refiere siempre a una totalidad de sentido, es decir, aquel espacio en donde los entes guardan sentido. El ente no está por estar en la totalidad, sino que tiene una funcionalidad relacional con los demás entes presentes en ella.

8   Cf. E. Dussel, *Para una ética de la liberación latinoamericana, op. cit.*, p. 97.

9   Este es el tema del capítulo III de *Para una ética de la liberación latinoamericana,* t. I, *op. cit.*

10   Este es el tema de los capítulos IV, V y VI de la primera ética. Dussel recibirá una influencia importante de Emmanuel Lévinas, apropiándose de la categoría del Otro (Distinto) para darle un contenido preciso desde la realidad de las naciones periféricas. «Sin embargo, Lévinas habla siempre que el Otro es "absolutamente" otro. Tiende entonces hacia la equivocidad. Por otra parte, nunca ha pensado que el Otro pudiera ser un indio, un africano, un asiático. El Otro, para nosotros, es América Latina con respecto a la Totalidad europea». E. Dussel, *Para una ética de la liberación latinoamericana,* t. II, *op. cit.,* p. 161).

sino como allende de la totalidad; es Otro en cuanto Otro radicalmente distinto.

De esta forma, Dussel entiende la ética como *metafísica*. De ahí la diferencia con una filosofía moral o de los valores, pues si bien estos son fundados en la totalidad y crean la normatividad del uso de los entes y de la praxis en la totalidad de dominación (la totalidad dada o vigente), *la ética* exige una responsabilidad hacia el Otro, hacia aquel que es invisibilizado, o invisibilizada, aquel que es ingnorado, o ignorada,[11] en la Totalidad, que ha sido cosificado, pues para cumplir el acto ético *se debe* ir más allá de la totalidad. Por eso es meta-física, porque para ser tiene que ir más allá de los límites del sistema de valores y normas de la totalidad que aliena y excluye al Otro. En esta dirección, la ética como crítica también al sistema moral dado cobra sentido no en un solipsismo, sino siempre en relación con el Otro como distinto: es un abrirse hacia lo distinto del mundo.[12]

11   Es conveniente hablar aquí del sustantivado en femenino porque precisamente un planteamiento, criticado en su primera versión de la *Ética*, y corregido por Dussel en una segunda versión, será el de la liberación de la mujer del sistema machista. Cf. E. Dussel, *Filosofía ética latinoamericana. De la erótica a la pedagógica*, t. III, *op. cit.*; *Para una erótica latinoamericana, op. cit.*

12   Esta conversión de la ética como meta-física se entiende igualmente por su recepción de Lévinas, por ejemplo, cuando este señala: «La metafísica, la trascendencia, el recibimiento del Otro por el Mismo, del Otro por Mí, se produce concretamente como el cuestionamiento del Mismo por el Otro, es decir, como la ética que realiza la esencia crítica del saber. Y como la crítica precede al dogmatismo, la metafísica precede a la ontología». E. Lévinas, *Totalidad e infinito, op. cit.*, p. 67. Este pasaje de la ética como metafísica y como cuestionamiento

Pensando en América Latina como el Otro con respecto a la totalidad (modernidad-europeo-occidental) Dussel fundará su pasaje de la totalidad a la exterioridad en una *ética ana-léctica* que, a su vez, tendrá su apoyo en el *método ana-léctico*. Este es el núcleo de la ética-crítica publicada en 1973: se trata de justificar por qué la ética para ser tal debe abrirse al Otro, hacer justicia con aquel y aquella que no tienen lugar en el sistema de dominación. Dussel describe el método ana-léctico así:

> El método del que queremos hablar, el ana-léctico, va más allá, más arriba, viene desde un nivel más alto (*ana-*) que el del mero método *dia*-léctico. El método dia-léctico es el camino que la Totalidad realiza en ella misma: desde los entes al fundamento y desde el fundamento a los entes. De lo que se trata ahora es de un método (o del explícito dominio de las condiciones de posibilidad) que parte desde el Otro como libre, como un más allá del sistema de la Totalidad; que parte entonces desde su palabra, desde la revelación del Otro y que con-fiando en su palabra obra, trabaja, sirve, crea. El método dia-léctico es la expansión dominadora de la Totalidad desde sí; el pasaje de la potencia al acto de «lo Mismo». El método ana-léctico es el pasaje al justo crecimiento de la Totalidad *desde el* Otro y para «servirle» (al Otro) creativamente. La «verda-

---

(juicio crítico, dirá Dussel) del Mismo por el Otro debe tenerse presente para entender cómo en Dussel la ética es crítica desde la exterioridad, que lo planteará de forma más acabada en su interpretación sobre Marx.

dera dialéctica» (hay entonces una falsa) parte del diá-logo del Otro y no del «pensador solitario consigo mismo».[13]

En esta dirección, el método ana-léctico se presenta como *el camino* por el cual hay un reconocimiento y apertura al Otro exigiendo salir de los bordes del propio ser y su proyecto.

Esto nos ayuda a entender por qué para Dussel el «proceso de liberación [...] es un ir saliendo de la Totalidad en tanto "cerrada", un abrirse al Otro y constituirse por ello en Otro [que] la Totalidad cerrada misma».[14]

Más adelante verá en el profeta (como figura crítica de la totalidad) la apertura al Otro:

> El profeta es el que se «extraña», se torna extranjero y se enfrenta a la Totalidad cerrada, y desde el «desierto» puede escuchar la nueva voz-del-Otro que como oprimido por el Todo ha sido reducido a la nada y su palabra al aparente silencio del analfabeto [...]. El hombre con consciencia ética, al escuchar la voz-del-Otro, se transforma, aún contra su voluntad, en *testigo*, testimonio del Otro

13 E. Dussel, *Para una ética de la liberación latinoamericana*, t. II, *op. cit.*, p. 161, énfasis en el original. Con el método ana-léctico que Dussel comienza a formular en esta primera ética, pretende mostrar claramente una distancia con Hegel, quien muestra el movimiento dialéctico dentro de la propia totalidad del ser. Sobre el método analéctico cf. E. Dussel, *Método para una filosofía de la liberación. Superación analéctica de la dialéctica hegeliana*, Salamanca, Sígueme, 1974.
14 *Id., Para una ética de la liberación latinoamericana, op. cit.*, t. II, pp. 58 y s.

(en griego *mártys*: mártir): representa, obra como delegado, atestigua por el Otro como oprimido *ante* la Totalidad
cerrada totalitariamente.[15]

Así pues, siendo la ética meta-física, Dussel dirá que
«la consciencia ética o meta-física es entonces el *encuentro* de la *voz-del-Otro* que interpela y exige justicia
desde su exterioridad dis-tinta, encuentro de dicha
voz con el que sabe *oír-al-Otro*».[16]

La ética de la liberación es también creadora en la
medida en que, lejos de intentar que se mantenga
cerrada la Totalidad en donde prevalece el acto de
injusticia sistémico, se abre hacia el Otro para buscar
el cumplimiento de la justicia, el cual se hace primero
con el excluido y el oprimido, aquel a quien se le ha
negado la posibilidad de ser. Por ello, el proceso de
liberación supone un estar dispuesto a escuchar la *voz-
del-Otro* que interpela. En este sentido «la voz-del-
Otro es ana-léctica»,[17] ya que el Otro se manifiesta no
como otro abstracto sino *como rostro*, como persona:
así el escuchar la voz-del-Otro es escuchar la voz de
una persona que se revela. De modo que si ella se
presenta como positividad no cumplida (por ejemplo,
como insatisfecho materialmente) lo ético es ir hacia
él o ella y *servirle* con justicia, porque de lo contrario
deviene el acto como indiferencia.

---

15 *Ibid.*, p. 59.
16 *Ibid.*, énfasis en el original.
17 *Ibid.*

De lo anterior habrá que subrayar un punto *fundamental* de esta ética de 1973, en particular del tomo I: el hallazgo de lo otro como «el Otro» escatológicamente dis-tinto[18] a partir del discurso filosófico sobre la exterioridad de Lévinas expresado en *Totalidad e infinito*. Este será, sin duda, un punto de quiebre importante en el desarrollo conceptual y teórico de la filosofía de la liberación de Dussel que le permitirá transitar metódicamente de la dialéctica a la ana-léctica y de la ontología a la meta-física;[19] aún más, del solipsismo del *yo* al reconocimiento del Otro como *rostro* (oprimido, sexuado, pedagógico, político), y que le ayudará a enfrentar con una lógica allende del ser, afirmativa de la *Alteridad* de un *Otro* o una *Otra*, la Totalidad hegeliana, así como la ontología y fenomenología husserliana y heideggeriana. En este orden de ideas cobra relevancia el capítulo 3 del primer tomo de *Para una ética de la liberación latinoamericana*, en la que Dussel expone este descubrimiento de la *Alteridad* a partir de la filosofía de Lévinas,[20] el cual abrirá el proyecto teórico-conceptual de los subsiguientes capítulos de esta primera redacción de la ética de la liberación y, en el futuro, de su propia filosofía de la liberación.

18   E. Dussel, *Para una ética de la liberación latinoamericana, op. cit.*, t. I, cap. 3.

19   Sobre el método que comenzará a fundamentar Dussel a partir de este descubrimiento, cf. E. Dussel, *Método para una filosofía de la liberación, op. cit.*

20   La filosofía de Lévinas le llegará a Dussel por sugerencia de Juan Carlos Scannone.

Así, a través de Lévinas y de *Totalidad e infinito*, Dussel encuentra la categoría fundamental de la alteridad que le ayudará a fundamentar una politización crítica de la ontología y de la metafísica, y del proyecto colonial del Mismo, lo cual desarrollará y profundizará durante las próximas décadas con recursos conceptuales y teóricos complementarios. Considérese, por ejemplo, el siguiente pasaje de *Totalidad e infinito*: «Lo Otro metafísico es otro como una alteridad que no es formal, con una alteridad que no es un simple revés de la identidad, ni de una alteridad hecha de resistencia al Mismo, sino como una alteridad anterior a toda iniciativa, a todo imperialismo del Mismo».[21]

Si, con Leopoldo Zea, Dussel había encontrado a América Latina fuera de la historia, con Lévinas se dará cuenta de que ella es precisamente el Otro del mundo colonial, el Otro más allá del Ser, razón por la cual ha sido ignorada y encubierta por el relato hegemónico de los acontecimientos mundiales. Si el primero, a nuestro juicio, despertó a Dussel del sueño eurocéntrico, el segundo lo «despertó del sueño ontológico».[22]

Ahora bien, continuando con la exposición del tomo II de la *Ética* de 1973 y tras exponer brevemente el esquema de la ética ana-léctica o metafísica con el cual Dussel plantea una ética filosófica del Otro —pensando a este en sujetos concretos que se revelan,

21   E. Lévinas, *Totalidad e infinito*, *op. cit.*, p. 62.
22   E. Dussel, *Praxis latinoamericana y filosofía de la liberación*, Bogotá, Editorial Nueva América, 1983, p. 13.

como la mujer, el niño, el hermano—,[23] Dussel indicará para la fundamentación de su ética las prácticas
necesarias que se anteponen a las virtudes de la Totalidad. Es decir, las posiciones habituales (virtudes) para
una ética meta-física o ana-léctica de servicio al Otro
que encierran lo que él llama el *êthos* de la liberación.[24]
Este, dirá Dussel, «es la plena realización de las virtudes
del Otro, las virtudes no intratotalizadas del oprimido
en cuanto extrasistemático».[25] En este sentido, continúa:

> Las virtudes reales del oprimido, no en tanto oprimido
> sino en cuanto exterior al orden vigente, virtudes que
> permanecen ocultas para el dominador y despreciadas
> como «incultas», «supercherías», «populacheras», etc., son
> el punto de apoyo del *êthos* de la liberación [...]. En este
> sentido las virtudes o el *êthos* liberador luchan contra la
> entropía o «ley del uso» que convierte todo en «habitual».
> La virtud liberadora aparecerá para el orden vigente
> como caótica, anarquista, subversiva, desordenada, enfer-
> mizamente inconformista: como lo temiblemente nuevo.

23   «El varón que tenga conciencia ética oirá la voz de la mujer
oprimida en una cultura patriarcal; el padre y el maestro oirán la voz
del hijo y del discípulo, al haberse liberado de la pedagogía dominadora; el hermano liberándose oirá la voz del hermano oprimido,
pobre, del pueblo alienado que exige justicia». E. Dussel, *Para una
ética de la liberación latinoamericana, op. cit.*, t. II, p. 59.
24   El *êthos* de la liberación, apunta Dussel, «relanza la historia al
futuro a lo nuevo; el hombre realmente creador, el que se compro-
mete a riesgo de su vida por "servir" al Otro en el "trabajo" transon-
tológico de la justicia primera». *Ibid.*, p. 107.
25   *Ibid.*, p. 109.

El *éthos* de la liberación es un modo habitual de no repetir «lo Mismo» […] porque se trata del «hábito» de adoptar la posición primera del cara-cara. El Otro (como el rostro o cara que me enfrenta en la exterioridad) aparece siempre como otro, como nuevo […]. La virtud del *éthos* de liberación tiene por contenido siempre algo nuevo y consiste en una *misma* posición o actitud: permitir ser el Otro otro: dejarlo ser más allá de la Totalidad, para después poder servirlo en el trabajo de justicia.[26]

El êthos de la liberación irrumpe como una praxis distinta a la habitual, y no es solo subversiva o anarquista por el simple hecho de serlo. Es un nuevo *carácter* forjado que tiene como fin permitir ser al Otro como otro y servirlo con justicia. No es simple y llanamente desobediencia al orden por serlo, sino para hacer justicia al Otro, que ha sido oprimido, excluido, ignorado. Asimismo, frente al hábito creado por la «ley del valor», surge el *êthos* de liberación para suspender el cumplimiento de esta ley cosificante del Otro. De ahí la necesidad de no repetir lo Mismo, sino de crear lo nuevo frente a la interpelación del Otro que irrumpe desde la exterioridad del mundo.

Ahora bien, Dussel identifica las siguientes virtudes éticas o metafísicas —ante lo inhabitual— que forman el *êthos* liberador: el amor-de-justicia al Otro, la con-fianza y la esperanza.[27] Sobre la primera dirá:

26 *Ibid.*, énfasis en el original.
27 *Ibid.*, pp. 115 y ss.

[Esta] virtud del amor-de-justicia es, precisamente, el saber situarse en la posición del cara-cara. El rostro del Otro, su persona, su cara es siempre novedad [...]. El amor-de-justicia como hábito de trascender Totalidades dadas es el acto supremo antropológico, político; acto infinito por sus posibilidades ya que no puede sino abrirse a una teológica donde el Amado es esencialmente intotalizable y garantía de perenne movilidad histórica, subversión política y apertura de la humanidad a la escatología.[28]

Este amor-de-justicia al Otro es un amor meta-físico, pues «la ontología de la Totalidad, solo poseyendo en su origen la Identidad, no puede amar la di-ferencia en dicha Identidad sino como retorno: amor a "lo Mismo", a sí mismo, egoísmo».[29]

El amor-de-justicia al Otro es movilidad, es lo que mantiene en movimiento la historia, es lo que evita la clausura de la totalidad, es el lugar situado desde el cual se trascienden totalidades. Lo que presenciamos en esta versión de la ética de la liberación de Dussel es una propuesta ana-léctica (metafísica) que encuentra el acto de justicia no dentro del orden dominante, ahí en donde priva el egoísmo y lo Mismo, sino desde la exterioridad al sistema de la totalidad en la cual la injusticia y el egoísmo tiene precisamente sentido.[30]

28   *Ibid.*, p. 115.
29   *Ibid.*
30   Con este mismo método ana-léctico, Dussel planteará la relación de la ética como metafísica en los distintos niveles de la cotidia-

La segunda actitud del cara-cara con el Otro, distinguida por Dussel, es la con-fianza que en «su sentido meta-físico fuerte es ob-ediciencia»,[31] y en la situación alterativa del cara-cara, es un obedecer al Otro como Otro, como un rostro que se revela. En este sentido la confianza consiste en tener fe incondicionada a la palabra del Otro que es una persona, y nunca un «algo», una cosa.

> «Tener fe» en la palabra de alguien es tener con-fianza en su Alteridad, en su ser como Otro, como persona. Desde el amor-de-justicia al Otro la con-fianza en el pobre es fe en su futuro, en su libertad, es acreditarle la veracidad de su palabra.[32]

Y si bien el amor-de-justicia hacia el Otro es trascender la totalidad, y el mismo *ego* moderno, la con-fianza en la palabra del Otro es negar la negación de aquel que ha sido despojado de la voz, aún más, de la voz que critica la totalidad vigente.

En este sentido, Dussel no se reserva la crítica a la filosofía del lenguaje de Ludwig Wittgenstein o incluso

---

nidad del mundo. Estas problemáticas se encontrarán de forma ordenada del tomo III al V de la primera versión de la ética de la liberación. Cf. E. Dussel, *Filosofía ética latinoamericana, t. III. De la erótica a la pedagógica de la liberación, op. cit.*; *Filosofía ética latinoamericana, t. IV. Política latinoamericana (antropológica III), op. cit.*; *Filosofía ética latinoamericana, t. V, op. cit.,*

31   E. Dussel, *Para una ética de la liberación latinoamericana*, t. II, *op. cit.*, p. 116.

32   *Ibid.*

de Jacques Derrida, quienes comienzan por el habla, por el empleo del lenguaje, sin reparar, primero, un más allá desde donde cierto lenguaje tiene sentido y, segundo, sin advertir que previo al uso del lenguaje es necesario escuchar al Otro y confiar en su palabra frente a la palabra dominadora del *ego* moderno. Para Dussel, el «escuchar (en hebreo *shemá*) es ob-ediencial[33] y crea el espacio receptivo para la palabra reveladora, creadora en la Totalidad».[34] Y es que sin este escuchar al Otro, sin confiar en su voz, no puede haber diálogo, solo silencio. En otras palabras, el diálogo meta-físico comienza con la confianza en la palabra del Otro y no en su negación, o desconfianza. Si el pobre dice, por ejemplo, que tiene hambre, se reconoce la veracidad de su decir y se le ayuda: se trasciende la totalidad en la que la insatisfacción material tiene sentido.

Sobre esto, un apunte más: la voz del otro, del pobre como se ejemplificaba y personalizaba, podría cuestionarse incluso desde la funcionalidad de un marco institucional. Pero esto es precisamente el centro del asunto, cuando la funcionalidad del sistema genera pobreza, exclusión, opresión, la ética no puede agotarse en las instituciones. Dussel muestra lo ante-

33   Hay que tener en cuenta esta categoría «obediencial» para cuando Dussel, más adelante, en su segunda política de la liberación (2006, 2009), frente al poder como dominación (Max Weber), antepondrá el poder obediencial, en el cual aquel que manda, manda obedeciendo, como lo formularán los zapatistas en México.

34   E. Dussel, *Para una ética de la liberación latinoamericana*, t. II, *op. cit.*, p. 116.

rior mediante una cita de *La voluntad como representación*, en la que Schopenhauer dice que en «Europa el fin supremo de la ética radica en la doctrina del derecho y de la virtud y no se conoce lo que va más allá de esta, o no se deja valer».[35] Respecto a este fragmento, Dussel afirmará: «Pareciera que propone exactamente lo que nosotros indicamos».[36] Y dice que pareciera, porque acto inmediato criticará «la compasión fundada en el ateísmo de la Identidad divina de todo ente en la Totalidad»[37] que propone Schopenhauer. No obstante, es cierto que, en cuanto a la coincidencia señalada, Dussel ve, con Schopenhauer, la necesidad de ir más allá de la Totalidad, incluido el derecho.

La tercera virtud alterativa identificada por Dussel es *la esperanza*. Esta, nos dirá, «no es espera de la realización del pro-yecto de la Totalidad; paciencia ante el fin que se aproxima. No. La esperanza es virtud metafísica o ética, alterativa, ya que espera la liberación, la plena realización futura del Otro, del que no tengo bajo mi dominio, pero sí bajo mi "servicial" responsabilidad gratuita».[38] La esperanza es una posición metafísica frente al Otro. Es la esperanza de su liberación desde sí, pero sin *desligarse* de él. Es la acción que

35   A. Schopenhauer, *Über die Grundlage der Moral*, §22, fin; t. IV, p. 274, citado en E. Dussel, *Para una ética de la liberación latinoamericana*, t. II, *op. cit.*, p. 113.
36   E. Dussel, *Para una ética de la liberación latinoamericana*, t. II, *op. cit.*, p. 113.
37   *Ibid.*
38   *Ibid.*, p. 118

ayuda a que el Otro pueda realizarse, que pueda ser. De esta forma, la esperanza es una virtud metafísica, y lo es necesariamente porque es lo que permite imaginar el futuro donde la negación de la totalidad dominadora sea posible.[39] Para Dussel:

> La esperanza, sin embargo, no se funda en lo que pueda hacer por el Otro, sino en lo que el Otro es y pueda hacer desde sí mismo como otro. La esperanza no se funda en la Totalidad, en el poder dominador y ni siquiera servicial («alianza para [el] progreso»; «ayuda a los países subdesarrollados»), sino que se apoya en la amada y con-fiada potencia del Otro como otro, como liberado. La esperanza es el con-fiado amor puesto en el Otro *como futuro*, afirmación por ello de su libertad presente […]. *Su* proyecto, el del Otro, es un poder-ser; es el ser *suyo* adviniente: es *su futuro*. Su futuro es por esencia inconceptualizable, inobjetivable. Nunca podrá ser tema de su Decir […]. La esperanza es, fundamentalmente, esa referencia al futuro como futuro del Otro.[40]

---

39   Aquí recaerá la diferencia con Ernst Bloch quien no alcanzó a ver la positividad de la realización de un futuro fincado en la utopía. Dussel señala: «La esperanza es, fundamentalmente, esa referencia al futuro como futuro del Otro […]. El amor anticipativo de la liberación del Otro, que es la utopía real, histórica, Bloch solo supo conceptualizarlo negativamente, como ateísmo del orden injusto, pero no positivamente, como antropología (que remata en una teológica) del "servicio" liberador o subversión por el "trabajo" ético, pedagógico, político del orden sacralizado». E. Dussel, *Para una ética de la liberación latinoamericana*, t. II, *op. cit.*, p. 119.
40   *Ibid.*, p. 119, énfasis en el original.

Con esta revisión de las tres virtudes metafísicas (alterativas) del *êthos* de la liberación, que colocan «las condiciones éticas de posibilidad de la *prâxis* liberadora que para la Totalidad es "servicial" gratuidad trans-ontológica, pero que para el Otro (como Totalidad) es, exactamente, la revelación hecha gesto y acción: creación»,[41] pretendemos terminar el cuadro general que nos presenta la primera *Ética de la liberación* publicada en 1973 en Argentina, previo al exilio en México.

Se ha puesto atención a los dos primeros tomos de esta primera *Ética*, puesto que en ellos se hace ya nítido el método sobre el cual Dussel continuará corrigiendo, aumentando y modificando su filosofía práctica. Escribirá tres redacciones más de la *Ética*, pero cada una de ellas respetará el marco general interpretativo de la trascendencia de la totalidad desde la alteridad con miras a una orden que le haga justicia al pobre, al oprimido, al excluido, al negado.

En suma, la *Ética* de 1973 sintetiza un viaje de diez años por Europa y Medio Oriente, la cuestión latinoamericana influenciada principal, aunque no exclusivamente, por Leopoldo Zea y Salazar Bondy, y el retorno a Mendoza donde Juan Carlos Scannone lo introduce en la obra de Emmanuel Lévinas, *Totalidad e infinito*, en medio de un ambiente de activa participación política de los jóvenes desde el «Cordobazo» hasta el triunfo del 11 de marzo de 1973 de Héctor

---

41   *Ibid.*, p. 121.

José Cámpora con un amplio respaldo de los sectores juveniles de Argentina.[42]

Además, debe recordarse el surgimiento de varias tendencias en la literatura en las ciencias sociales y humanas de la época, tales como los planteamientos socioeconómicos de la teoría de la dependencia defendidos principalmente por Celso Furtado, Raúl Prébisch, Theotônio dos Santos, André Gunder Frank, Fernando Henrique Cardoso, Ruy Mauro Marini, así como la pedagogía del oprimido, de Paulo Freire, además del boom latinoamericano, como se conoce al grupo que reunía, entre otros escritores, a Carlos Fuentes, Octavio Paz, Gabriel García Márquez, Mario Vargas Llosa, José Lezama Lima, Eduardo Galeano, que abonaron a este movimiento en la literatura. No debe olvidarse que en el contexto de las décadas de 1960 y 1970 en América Latina surge la teología de la liberación, una disciplina que tomó grandes impulsos en toda la región y con la cual Dussel procurará un diálogo fecundo. La filosofía de la liberación, entendida como movimiento filosófico, forma parte de esta generación de emergencia intelectual en Latinoamérica.

---

42   En su ensayo «Una década política argentina (1966-1976) y el origen de la "filosofía de la liberación"», Dussel expone *in extenso* el contexto político argentino y su vinculación con el surgimiento de la filosofía de la liberación, principalmente en relación con las juventudes camporistas. Cf. E. Dussel, *Historia de la filosofía y filosofía de la liberación, op. cit.*, cap. 2.

1975.
COMIENZA EL EXILIO EN MÉXICO

La elaboración de la filosofía de la liberación de Dussel a finales de la década de 1960 y los primeros años de la década siguiente corrió a la par de los eventos políticos de Argentina, junto al papel decisivo que desempeñó la escisión en el peronismo entre peronismo de izquierda, representado por Cámpora y la participación política activa de jóvenes y estudiantes, y el peronismo de derecha, que comenzó a hacer una «limpieza» de las juventudes peronistas, siempre más identificadas con la izquierda. Dussel explica:

> El periodo «camporista» fue muy breve, e igualmente breve el momento de una presencia de la *filosofía de la liberación* en las universidades nacionales argentinas —por medio de reuniones, cátedras, congresos, publicaciones, revistas, etc.—. Paradójicamente, su presencia coincide con la de la juventud peronista (que en las manifestaciones se expresaba por el lema: «la patria socialista», ante la burocracia que más y más iría adquiriendo poder —la misma que antes se había aliado con los militares— y que gritaba: «la patria peronista»). La filosofía de la liberación

era identificada con la juventud, aunque objetivamente no puede ni siquiera indicársela como su teoría. Había hecho un camino junto con ella. A su lado había descubierto muchos temas. Su praxis la había inspirado. Pero su sentido la trasciende.[1]

Dussel señala que su filosofía caminaba junto con las juventudes peronistas vinculadas a Héctor José Cámpora, y que en gran medida ellas fungían un papel inspirador en su andar intelectual. No obstante, aunque el camino corría paralelo en ambos casos y se cruzaban en muchos puntos, Dussel guardó cierta distancia con respecto al partido político y al propio movimiento,[2] sin ceñirse exclusivamente y por completo al contexto argentino,[3] puesto que, como se ha advertido, desde los inicios su filosofía apuntaba hacia la liberación de América Latina, pues la filosofía de la liberación había nacido

no como intento de concretización de un discurso filosófico (que en parte fue el intento del althusserianismo

1 E. Dussel, *Historia de la filosofía y filosofía de la liberación, op. cit.*, p. 71.
2 *Ibid.*, pp. 89, 27.
3 Para Dussel, si «la filosofía de la liberación hubiera sido una expresión exclusiva argentina, no hubiera podido dejar de cometer ciertos errores "bonapartistas" —que la juventud cometió—. Pero su vinculación con otros movimientos latinoamericanos le impidió caer en las simplificaciones que se le acusa; de estos críticos algunos parten de dogmatismos simplificadores —y, por ello, habiendo estado "fuera" de la batalla que se entablaba, no pueden juzgar desde la praxis misma—». *Ibid.*, pp. 67 y s.

en América Latina), sino, por el contrario, como exigencia concreta de una praxis de liberación, es verdad que ambigua (la de la juventud y del movimiento obrero más comprometido, como el del Ongaro o el peronismo «de base», y otros) —pero, por ambigua, incluyendo también en su seno la solución adecuada que había que clarificar con el tiempo—. El discurso *teórico* no fue primero sino segundo. Fue la praxis la que se impuso, y fue pensada con las categorías que se tenían (tradicionales, fenomenológicas, existenciales hegelianas, Escuela de Frankfurt, etc.).[4]

No obstante el relato en retrospectiva[5] de esos años y su actividad intelectual, filosófica, en relación con los movimientos juveniles, Dussel fue vinculado como uno de los ideólogos del movimiento peronista de base y juvenil; tal señalamiento, en un contexto en el que el peronismo de derecha estaba decidido a limpiar al de izquierda, el 2 de octubre de 1973 Dussel y su familia sufrieron un atentado con bomba en su casa: un aviso serio de la derecha, probablemente peronista.[6] Y aun-

4   *Ibid.*, p. 70.
5   El ensayo «Una década política argentina (1966-1976)», *op. cit.*, en el cual basamos principalmente el relato en retrospectiva que el propio Dussel hace de esos años, fue escrito ya en el exilio en México en 1984. Cf. *ibid.*, p. 93, n. 49.
6   Dussel indica: «Hemos tenido información sobre la posibilidad de que el atentado [de bomba] lo cumplieran elementos derechistas del peronismo ortodoxo (quizá de la Unión Obrera Metalúrgica, UOM) […]. Estos sindicatos liquidarían las ramas revolucionarias (p. e. de Salamanca y Tosco en Córdoba), asesinarían a sus propias bases de izquierda, y serán la columna vertebral no solo de la derecha peronista,

que se le interpretó de esa forma, él mismo no se sentía plenamente vinculado, o de forma exclusiva, al movimiento argentino, pues su planteamiento se enfocaba en un movimiento latinoamericano:

> El 23 de septiembre Perón es elegido por tercera vez como presidente. El día 25 es asesinado José Rucci —secretario general de la UOM, líder del sindicalismo peronista burocrático—. El 2 de octubre (a cinco años de Tlatelolco) estalló en mi casa una bomba de alto poder, colocada por el Comando Rucci, por «envenenar la mente de los jóvenes con la doctrina marxista» —había comenzado la expulsión dentro del peronismo de los «infiltrados»—. Yo ni era peronista (y por lo tanto [ni] infiltrado), ni tampoco marxista (más bien, todavía, solo hegeliano de izquierda, antihegeliano latinoamericano). Este hecho práctico [...] me parece que es un signo de *sentido real* e histórico de la *filosofía de la liberación*. Para el populismo «auténtico» nuestro pensar era el principal enemigo. Era un enemigo *interior*, pero no en el seno del partido, sino en el seno del pueblo, del movimiento revolucionario.[7]

A este atentado le siguió la expulsión de un grupo de profesores, incluido Dussel, de la Universidad de Men-

---

sino de los gobiernos militares posteriores hasta 1983 [...]. Cabe destacarse que el "Comando Rucci", asesinado secretario general de la CGT (el grupo más fascista del sindicalismo), de la UOM, fue el que se atribuyó el atentado que sufrí». Cf. *Ibid.*, p. 92. n. 42.

7   *Ibid.*, pp. 74 y s.

doza, hechos que motivaron que en 1975 se exiliara en México.

En esa época confluían en México varias corrientes filosóficas: la filosofía latinoamericana, representada por Leopoldo Zea; el marxismo, cuya cabeza visible era Adolfo Sánchez Vázquez; la filosofía analítica, presente con Mario Bunge, y la filosofía de los pueblos originarios o indigenista, como se denominaba en aquel momento. Estas corrientes filosóficas confluyeron en el I Coloquio Nacional de Filosofía celebrado entre el 4 y el 9 de agosto de 1975 en Morelia, México, espacio en el que debatieron entre sí sus propias posturas y tesis. En dicho coloquio Dussel presentó la ponencia «La filosofía de la liberación en Argentina: irrupción de una nueva generación filosófica». Cabe resaltar que fruto de este coloquio fue la «Declaración de Morelia: filosofía e independencia» firmada por Leopoldo Zea, Francisco Miró-Quesada, Arturo Andrés Roig, Abelardo Villegas y Enrique Dussel. Así pues, comenzaba para él una nueva etapa en México.

FILOSOFÍA DE LA LIBERACIÓN (1977).
LA FORMULACIÓN DE UN PROGRAMA

Ya en el exilio, Dussel plantea en *Filosofía de la libera-ción*[1] el programa filosófico general que a lo largo de su trayectoria habría de desarrollar. Como profesor en Argentina había llevado a cabo investigaciones de historia de la filosofía, como *El humanismo semita,*[2] *Para una de-strucción de la historia de la ética*[3] o *El humanismo helénico,*[4] y trabajos sobre ética filosófica teniendo ya en mente la explicación de esta en el ámbito concreto de la vida cotidiana. Antes del exilio, Dussel ya había trazado una línea de investigación que desarrollará a lo largo de su andar filosófico; no obstante, será en México donde con *Filosofía de la liberación* establecerá las líneas programáticas frente a las corrientes filosóficas

1   E. Dussel, *Filosofía de la liberación*, México, Edicol, 1977. Esta obra, escrita en 1975 ya en México, tendrá varias ediciones en castellano; la más reciente es de 2011, publicada en México por FCE. En adelante citaremos esta última edición que puede ser accesible al público y que además presenta una revisión actualizada por el autor.
2   E. Dussel, *El humanismo semita, op. cit.*
3   *Id.*, *Para una de-strucción de la historia de la ética*, Santa Fe, Universidad Nacional del Litoral, 1970.
4   *Id.*, *El humanismo helénico*, Buenos Aires, Eudeba, 1975.

predominantes tanto allí como en América Latina y con las que habrá que dialogar desde una postura propia.

A diferencia de la rigurosidad documental y bibliográfica que se observan en producción intelectual anterior, *Filosofía de la liberación* es una obra escrita sin pausas, siguiendo la línea argumentativa que se planteaba en las obras anteriores. Este tono no es el único que la diferencia de sus predecesoras, también lo es la temática que, incluso hasta hoy, ha sido poco considerada desde la filosofía: la geopolítica. El punto de partida de *Filosofía de la liberación* es el *ego conquiro* anterior al *ego cogito* (de Descartes), presupuesto que fundamenta la filosofía hegemónica occidental. Este punto de partida no es arbitrario: recordemos que uno de los aspectos centrales de la filosofía de Dussel es precisamente la liberación de América Latina de sus estructuras neocoloniales.

En este sentido, una de las tesis que guiará las investigaciones de Dussel, formulada por él hasta en sus obras maduras, defiende que la Modernidad no comenzó en el siglo XVII con el *ego cogito* de Descartes, sino antes con el *ego conquiro* de la invasión orquestada y ejecutada por la corona española y sus soldados en Amerindia desde 1492. En este sentido, el sujeto cartesiano (el *yo pienso*) será una reflexión sobre un proceso histórico moderno que no comenzó con el *Discurso del método* (1637) sino con el *ego conquiro* de Hernán Cortés que impuso por la espada las condiciones de una religión y una cultura. Primero será, para Dussel, el empleo de la espada y luego la reflexión lo que constituirá a la Modernidad como proyecto que impondrá el *yo moderno*:

La filosofía de la liberación es el contradiscurso de la modernidad en crisis y, al mismo tiempo, es transmoderna. La filosofía moderna eurocéntrica desde el *ego conquiro* (yo conquisto, protohistoria del *ego cogito*), situando a los otros pueblos, a las otras culturas, y con ello a sus mujeres y sus hijos, los dominó dentro de sus propias fronteras como cosas o útiles manipulables bajo el imperio de la razón instrumental. La ontología los coloca como entes interpretables, como ideas conocidas, como mediaciones o posibilidades internas al horizonte de comprensión del ser […]. Espacialmente centro, la subjetividad moderna constituye una periferia mundial y se pregunta con Fernández Oviedo: «¿Son seres humanos los indios?», es decir, ¿son europeos y por ello animales racionales? […]. Esa ontología eurocéntrica no surge de la nada. Surge de la experiencia práctica de dominación sobre otros pueblos, de la opresión cultural sobre otros mundos. Antes que un *ego cogito* hay un *ego conquiro* (el «yo conquisto» es el fundamento práctico del «yo pienso»). El centro se impuso sobre la periferia desde hace cinco siglos. Pero ¿hasta cuándo? ¿No habrá llegado a su fin la preponderancia geopolítica del centro? ¿Podemos vislumbrar un proceso de liberación creciente del mundo periférico? Para ello deberíamos ir más allá de la modernidad, pero no en el sentido de un posmodernismo nihilista. Nuestro camino es otro, porque hemos sido y somos la «otra-cara» de la modernidad. Se trata de un proyecto «transmoderno», «metamoderno», que debe asumir el núcleo racional moderno, pero debe saber criticarlo superándolo.[5]

Considerar al *ego conquiro* desde la invasión de la corona española en Amerindia en los comienzos del siglo XVI y seguir con atención la expansión del proyecto de colonización subsecuente, que le permitía por primera vez a Europa posicionarse en el centro del mapa mundial, le exigirá a Dussel ver el desarrollo de la historia desde el punto de vista de la geopolítica. Ciertamente, en su filosofía no se encuentra un análisis descriptivo e interpretativo propiamente geopolítico, sino *un saber situarse* en un lugar desde el cual reflexionar, desde el cual se hace filosofía. Dussel no solo empleará esta estrategia espacial para el desarrollo argumentativo de su filosofía de la modernidad en el caso de América Latina, sino también reconociendo a África, India y el sudeste asiático, el mundo árabe y China[6] como el Otro en la modernidad.

Situarse existencialmente desde un *locus* de enunciación lo expresa Dussel de forma sencilla con estas palabras: «Se trata entonces de tomar en serio el espa-

5   *Id., Filosofía de la liberación, op. cit.*, pp. 18 y s.
6   Ciertamente, después de haber perdido hegemonía mundial en la producción de mercancías, China nunca pudo ser colonizada política y económicamente por la modernidad europea, manteniendo durante los siglos XVIII, XIX y XX independencia con respecto al centro geopolítico mundial: caso contrario a lo ocurrido en África, India o América Latina.

cio, el espacio geopolítico. No es lo mismo nacer en el Polo Norte o en Chiapas que en Nueva York».[7] El abordaje de la geopolítica con la cual abre la *Filosofía de la liberación*, punto que hemos querido resaltar de esta obra, es algo muy presente en la elaboración argumentativa de su teoría, solo así podremos entender, por ejemplo, por qué en *Ética de la liberación en la edad de la globalización y la exclusión* (1998), alude a la sentencia que refleja el título del libro de Elizabeth Burgos, *Me llamo Rigoberta Menchú y así me nació la conciencia*,[8] libro testimonial que relata la vida de esta mujer maya guatemalteca que en 1992 ganó el Premio Nobel de la Paz.

De esta forma alguien que haya nacido en Guatemala, como Menchú, con una historia colonial de exclusión llevada a cabo por las propias élites mestizas y blancas de su país, siendo además ella mujer, no puede pensar las estructuras políticas y sociales de la misma manera que alguien que ha nacido en Nueva York. Esto es precisamente tomar «en serio el espacio», situarse desde donde se piensa y, aún más, desde donde se hace filosofía. De ahí que una filosofía latinoamericana debe tomar como punto de partida la propia historia de una América Latina con una historia colonial y neocolonial en el amplio espacio de un sistema-mundo. En este sentido, podría afirmarse que el

---

7   E. Dussel, *Filosofía de la liberación, op. cit.*, p. 18.
8   E. Burgos, *Me llamo Rigoberta Menchú y así me nació la conciencia*, México, Siglo XXI, 1988.

aspecto geopolítico de la filosofía de la liberación es situar desde dónde se enuncia el discurso.

Saberse situar en el lugar de enunciación no solo ayuda a producir una filosofía que parta desde su propia situación, en sentido existencial, sino también para interpretar aquellas filosofías europeas (y eurocéntricas) que en la historia tradicional de la filosofía se hacen pasar por universales. Por esto, Dussel criticará constantemente la provincialidad de los grandes próceres de la filosofía, como Descartes, Kant, Hegel, Heidegger, que decanta en un eurocentrismo filosófico: Europa como principio y fin de la filosofía.

Si se entiende la invitación a *saber situarse* de la filosofía de la liberación, se entenderá también por qué en Dussel no hay una exhortación a la interpretación infinita de autores que piensan desde un *locus* diferente al de la periferia, tampoco a la presunción eterna del *expertise* sobre un autor o serie de autores, ni a que la filosofía en América Latina se mantenga en los márgenes de una filosofía *sucursalera* (el «vicio del fervor sucursalero», en palabras de Carlos Pereda).⁹ Es decir, a una filosofía que imite y repita la filosofía de Europa o Estados Unidos enunciándola desde un mundo periférico: esto sería, en el mejor de los casos, ideología y no filosofía, pues, afirma Dussel, la «filosofía no piensa la filosofía, cuando es realmente filoso-

---

9 Cf. C. Pereda, «Vicios coloniales. Bosquejo de una perspectiva general», en C. Pereda, *Pensar a México. Entre otros reclamos*, México, Gedisa, 2021.

fía y no sofística o ideología. No piensa textos filosóficos, y si debe hacerlo es solo como propedéutica pedagógica para instrumentarse con categorías interpretativas»,[10] ya que la «filosofía piensa lo no-filosófico: la realidad. Pero porque es reflexión sobre la propia realidad del filósofo parte de lo que ya es de su propio mundo, de su sistema, de su especialidad».[11] En este sentido, pensando en la filosofía latinoamericana pareciera «que la filosofía ha surgido en la periferia, como necesidad de pensarse [a sí] mismo ante el centro y como exterioridad, o simplemente ante el futuro de la liberación».[12]

Queda claro que en la filosofía de la liberación de Dussel hay una estrecha relación entre filosofía y geopolítica, que se explica por la primeridad del *ego conquiro* frente al *ego cogito* cartesiano, así como por la invitación insistente de partir del mundo cotidiano y evadir la filosofía imitativa. Cabe decir, por último, que *Filosofía de la liberación*, publicado en 1977, se puede interpretar también como una declaratoria de presencia en el ámbito filosófico mexicano por parte de Dussel en los primeros años de exilio.

---

10 E. Dussel, *Filosofía de la liberación*, *op. cit.*, p. 20.
11 *Ibid.*
12 *Ibid.*

POLÍTICA DE LA LIBERACIÓN (1979)

Hemos visto que la línea de reflexión de Dussel pasa de una elaboración ética ana-léctica a los niveles concretos del mundo de la vida. De estos niveles será el político aquel que desde la primera formulación de su ética de la década de 1970 llamará su atención, postergando la reflexión sobre la erótica (relación sensual con la pareja) y sobre la pedagogía (la relación entre padre-hijo y educador-educando). El nivel económico será entendido en esta primera formulación de su ética filosófica como un capítulo de la política,[1] siendo desarrollada con los demás campos prácticos, como posteriormente definirá a los niveles concretos de la ética, hasta sus famosos trabajos sobre Marx[2] y después en *16 tesis de economía política*.[3]

1   Cf. E. Dussel, *Filosofía ética latinoamericana, t. IV. Política latinoamericana (Antropológica III), op. cit.*, pp. 81 y ss.
2   Cf. *Id.*, *La producción teórica de Marx. Una introducción a los Grundrisse*, México, Siglo XXI, 1985; *Hacia un Marx desconocido. Un comentario de los manuscritos del 61-63*, México, Siglo XXI, 1988; *El último Marx (1863-1882) y la liberación latinoamericana*, México, Siglo XXI, 1990; *Las metáforas teológicas de Marx*, Navarra, México, Siglo XXI, 2017.
3   Cf. *Id.*, *16 tesis de economía política: interpretación filosófica*, México, Siglo XXI, 2014.

La política como praxis de liberación recibirá así una atención especial en la filosofía de Enrique Dussel. Ya en la primera ética de 1970 se dejaba ver que su interés metodológico era pasar de la ética a la política. Este interés hoy sigue siendo claro, cuyos esfuerzos en los últimos diez años estuvieron encaminados a terminar los tres tomos de la segunda política de la liberación, la cual se desprende del diálogo con la ética discursiva que tuvo lugar durante la década de 1990, aunque añadiendo temas contemporáneos de la filosofía política. Trataremos estos dos puntos más adelante.

La política de la liberación de 1979 fue escrita en 1974 en Argentina quedando pendiente su publicación hasta los años del exilio.[4] Esta primera versión, fundándose en los dos tomos de *Para una ética de la liberación latinoamericana*, presenta un trasfondo fenomenológico alterativo, en el que se expone la praxis de la liberación en la relación hermano-hermano. Previo a la política, Dussel reconocerá, siguiendo a Paulo Freire,[5] que el proceso político de liberación requiere a su vez de un proceso pedagógico de concientización;[6] no obstante, será en «la política donde el cara-a-cara adquiere su última significación humana o su más perversa posición».[7] Esto es así porque, para Dussel, es en la política donde recaerá la praxis de liberación,[8] y

---

4 Cf. *Id.*, *Filosofía ética latinoamericana*, t. IV, *op. cit.*, p. 17.
5 P. Freire, *Pedagogía del oprimido*, Montevideo, Tierra Nueva, 1970.
6 Cf. E. Dussel, *Filosofía ética latinoamericana*, t. III, *op. cit.*
7 Cf. *Ibid.*, t. IV, *op. cit.*, p. 35.
8 En esta primera política la *praxis* de la liberación es propiamente

porque en ella descansa la construcción de la nueva totalidad política desde el Otro. La temática a tratar con la política ana-léctica publicada en 1979 será entonces organizar la nueva totalidad que pueda hacer justicia al Otro, el excluido y negado en la totalidad política dada (o de dominación).

Apoyado en Marcuse y Lévinas, Dussel politiza la ontología. Si bien el Ser se revela en la ontología teórica filosófica, en la politización de la ontología el Ser tiene un nombre y un rostro, y él se revela con un proyecto que se objetiviza en la totalidad política vigente. Ya en esta primera *Política de la liberación*, Dussel formula lo que definirá como la tesis fundamental de la ontología política latinoamericana:

La tesis fundamental de la ontología política latinoamericana se formula de la siguiente manera: *la Totalidad del «sistema político» de nuestras dispersas naciones latinoamericanas, así como de América Latina como Totalidad, han sido constituidas por el «yo» europeo* (y por su prolongación geopolítica del «centro»). Se trata del Estado de la Totalidad Política neocolonial, en crisis, es verdad, pero vigente. El

---

la «efectuación táctica organizativa en vista de un proceso estratégico como totalidad de mediaciones del pro-yecto de liberación, que es lo último en realizarse: el orden nuevo». *Ibid.*, p. 117. Dussel continúa: «Se habría así cumplido la mediación de la teoría y la *praxis*, cuestión que tanto ocupa el pensar contemporáneo». *Ibid.* Para Dussel, la teoría que debe acompañar a la *praxis* de liberación es precisamente la ética, o bien, una filosofía política que subsuma una ética como meta-física (o alternativa).

mundo como Totalidad de sentido, como horizonte de comprensión se abre desde la *subjetividad* que se ejerce como «voluntad de dominio», en primer lugar, manifestada por el Rey absoluto de España, y con el segundo lugar y como diferencia de la Identidad ontológica, al conquistador [...]. La Totalidad ontológico-política así construida dejará paso después de la Revolución inglesa (1688) y francesa (1789) al Estado capitalista liberal y después de la caída de Napoleón (1815) al Estado «absoluto», en realidad imperial. Las guerras latinoamericanas de la emancipación de España concluyen en la constitución neocolonial de Estados dependientes (desde mediados del siglo XIX).[9]

Dussel encuentra la expresión de la totalidad política como dominación que continuará en la modernidad europea ya en Aristóteles y su defensa de la comunidad política como la totalidad desde la cual se establece un proyecto común, siendo excluyente de lo que está fuera de ella: el bárbaro. Presentando una lectura crítica de la justificación del esclavismo y el servilismo expuesta en el libro I de la *Política*,[10] Dussel señala:

9 *Ibid.*, pp. 50 y s., énfasis en el original.
10 Aristóteles, *Política*, México, Universidad Nacional Autónoma de México, 2000. A continuación, un fragmento que refiere Dussel de la *Política* a modo de ejemplo de cómo Aristóteles presenta una justificación de la dominación de los libres sobre los esclavos: «Es pues manifiesto que hay algunos que por naturaleza son libres y otros esclavos y que para estos es la esclavitud cosa provechosa y justa» (1255a). La apología que presenta Aristóteles sobre la dominación de quienes son bárbaros por no pertenecer a la comunidad política

El «bien común» de la Totalidad política es el proyecto mismo de la *pólis*, el fin. Mientras que el «mal común» es la revolución, la subversión, el cambio. Aristóteles, como conservador del orden vigente, quiere encontrar el régimen más duradero, y por ello propone «la democracia (porque) es más segura *(asfalestéra)* y menos expuesta a la revolución *(astasíastos)*». No hay exterioridad ni posible praxis liberadora. La Totalidad política es natural, divina, eterna, helénica.[11]

Por otra parte, puesto ya en una perspectiva del contexto en el cual se escribe la primera versión de la política de la liberación, Dussel indica:

La ontología política europeo-burguesa es por último imperial, capitalista, dominadora. La política de la periferia, de las naciones oprimidas, del «pueblo», de las clases trabajadoras, es una política de la liberación; política que parte del ámbito meta-físico, real, de la Alteridad antropológica en el nivel social (no ya el erótico o pedagógico). Se trata de la superación de la Totalidad política desde la exterioridad de donde proviene la protesta, interpelación y rebelión político-social. En resumen, hay dos políticas: *la política* del sistema capitalista, cuya racionalidad es mantener la dominación; [y] la *antipolítica* o política escatológica cuya «nueva» racionalidad es el saber formular prác-

---

de libres, será para Dussel el hilo argumentativo que guiará el proyecto de justificación de la Europa moderna-colonial.
11   Cf. E. Dussel, *Filosofía ética latinoamericana*, t. IV, *op. cit.*, p. 53.

ticamente, realizar el camino y la construcción del orden nuevo en la justicia.[12]

Nuevamente, como en la ética, tenemos totalidad y exterioridad como dos categorías que le ayudan a Dussel a interpretar el despliegue de la praxis política: entre aquella que es fundada en el orden político dado de dominación, en este caso el capitalista, y la contra-política que se le opone a ella para construir el «orden nuevo en la justicia». Sobre esta segunda política se funda la política de la liberación que tiene como punto de partida geopolítico América Latina como lo exterior al sistema capitalista y a la vez dependiente de él, y al mismo tiempo desde donde se construye el Otro proyecto orientado a construir la justicia. De esta forma, si además la interpretación de la política de la liberación incluye las referencias geopolíticas de centro-periferia, está claro e implícito que la política de la liberación no solo es una filosofía de los movimientos populares y sociales, que son el actor a partir del cual se construye lo nuevo, sino también un reconocimiento en la necesidad de construir y organizar Estados populares que puedan conducir por otra vía estratégica la construcción del nuevo orden.

Esto permite ver que la filosofía política de la liberación no se limita a exponer una praxis de liberación anclada exclusivamente en los movimientos populares, el momento de la praxis crítica colectiva, sino

12   *Ibid.*, p. 63, énfasis en el original.

que ve más allá de la movilización considerando con ello que la recuperación del Estado debe incluirse como una estrategia más en la larga lucha política de la liberación. En este sentido, la filosofía política de la liberación, desde esta primera versión, no opone movimiento social o popular a Estado, sino que ambos son momentos de una misma estrategia.[13] Así lo deja ver Dussel en el siguiente fragmento:

> La moralidad de la praxis revolucionaria queda claramente probada por su fundamento: si el pro-yecto de la praxis revolucionaria liberadora es auténtico, si es el del pueblo oprimido, como nación dependiente o clases marginadas, aunque sea ilegal para el orden vigente y dominador y se oponga a sus pretendidas virtudes será, de todas maneras, una praxis buena, justa, prudente […]. Así pasamos de la lucha liberadora a la *toma del poder*, momento en el que el pueblo, que se oponía desde la calle a los organismos del

13   Estrategia, en Dussel, no se debe entender como el simple y banal cálculo entre medio y fin (racionalidad estratégica), pues en todo momento los niveles concretos, como el de la ejecución de la estrategia política, subsume la ética de la responsabilidad por el Otro. Por ejemplo, cuando Dussel habla de la mejor elección de los medios, señala: «No todo medio es válido para el fin político de la liberación, sino todo medio que sea moralmente justo. Pero adviértase una vez más que la moralidad del acto, como lo hemos indicado a lo largo de toda esta obra, no es el sistema vigente como Totalidad sino el Otro como otro, a la intemperie, como interpelación a la cons-trucción de un nuevo sistema […]. Una vez deliberada la mejor mediación táctica se sigue el acto de la *elección* de lo que se decidirá efectuar. No siempre el político elige la juzgada como mejor. En este punto es esencial un *ethos* incorruptible». *Ibid.*, p. 117.

sistema, llega al gobierno o a los resortes orgánicos del poder del Estado. La toma del poder es un momento estratégico que exige una gran prudencia táctica por parte de los recién llegados […]. De todas maneras, la toma del poder es la posesión de la mediación universal por excelencia de la política y el momento que la praxis des-tructiva liberadora se transforma lentamente en praxis constructiva organizadora.[14]

Como podrá notarse, la praxis de liberación (como lucha de liberación del pueblo oprimido), «simultánea al momento de represión del orden que pasa de su "edad clásica" a su "decadencia"»;[15] decanta también en la toma del poder desde la amplia organización institucional del Estado, pues en este nivel concreto de la praxis recae también la construcción y organización del nuevo orden.

14 *Ibid.*, p. 120.
15 *Ibid.*, p. 118.

MARX.
UNA INTERPRETACIÓN HETERODOXA
Y LATINOAMERICANA

La obra de Karl Marx captó por completo la atención de Enrique Dussel durante la década de 1980. Si bien podría pensarse que llega tarde a la discusión en pleno apogeo mundial del marxismo durante las décadas de 1950, 1960 y 1970 con figuras prominentes como Louis Althusser, André Gorz, Erich Fromm, Jean-Paul Sartre, y Marta Harnecker, Adolfo Sánchez y los representantes de la teoría de la dependencia en América Latina, entre otros, esto muestra que Dussel provenía más de una tradición latinoamericanista que marxista. No obstante, esta clarificación es relativa, pues el planteamiento de la superación del sistema moral vigente a través de la construcción de la nueva totalidad (la construcción histórica y política de la utopía) lo acerca precisamente a Marx y su lógica política de la superación del capitalismo: criticar, negar y superar el orden dado, en el caso de Marx el capitalismo, en el caso de Dussel el orden neocolonial.

Por otra parte, en *Para una ética de la liberación latinoamericana* se pueden ver ya varios elementos de Marx y del marxismo. La misma forma en que su primera política de la liberación decanta en la superación de la política del capitalismo burgués nos habla de este acercamiento. La década de 1970 fue época del marxismo soviético y occidental, con significaciones propias en América Latina que surgieron ya en la década de 1920 con José Carlos Mariátegui.[1] Aún más, en el tomo v de *Filosofía ética latinoamericana* termina el amplio planteamiento recorrido en cinco tomos con el problema de la religión y el fetichismo en Marx,[2] con cuya interpretación se acerca Dussel a un diálogo con la teología de la liberación. Sin embargo, sea por el contexto marxista del momento o por hacer una lectura de Marx desde el fetichismo, Dussel se ve en la necesidad de ir a Marx a fondo.

Si bien estos son antecedentes de la lectura de Dussel sobre Marx, esta no era tanto para extraer una interpretación conocida sobre el célebre filósofo de Tréveris en el ambiente del marxismo, sino una diferente, y el punto de referencia para hacerlo fue precisamente la situación del «subdesarrollo» y la dependencia de América Latina.[3] Ciertamente, estos temas

---

1   Cf. J. Arico (coord.), *Mariátegui y los orígenes del marxismo latinoamericano*, México, Cuadernos del Pasado y Presente 60 (1980), parte IV.

2   E. Dussel, *Filosofía ética latinoamericana*, t. V, *op. cit.*

3   En esta línea de interpretación de Marx desde «la cuestión de la dependencia» que vincula con su lectura de los *Grundrisse* y los manuscritos del 61-63, Dussel deja ver su influencia y recepción de la teoría de la dependencia que históricamente surge y se propaga como teoría socioeconómica a la par de la filosofía de la liberación. En otras palabras: la lectura que hace Dussel sobre Marx, teniendo en mente la cuestión de la dependencia, será una especie de aportación que

no fueron tan desarrollados por Marx como sí lo fue la explicación y crítica de la ontología económica capitalista. No obstante, precisamente surge de ahí el planteamiento de Dussel: *ir con* Marx para comprender la totalidad del mundo capitalista y a la vez *ir más allá* de Marx interpretándolo de otro modo, distinto al mundo occidental capitalista o socialista, y desarrollando los temas que él no pudo tratar con sus propias categorías. Dussel ya señala esto en su primer tomo dedicado a Marx:

> Las categorías construidas por Marx eran las exigidas para *la crítica* de la economía política burguesa y, al mismo tiempo, para la creación de la ciencia-dialéctica de una economía que sirviera a los trabajadores asalariados en el capitalismo en su lucha de liberación. Por nuestra parte, en cambio, explicitaremos (sin ninguna posición ni desarrollo «revisionista», sino muy por el contrario: profundización del discurso ya dado) las categorías ontológicas (y aún más que ontológicas) que de hecho Marx usa sin describir o construir explícitamente.[4]

querrá hacer en el marco de los debates de la mencionada teoría socioeconómica. Lo mismo sucederá con sus *16 tesis de economía política*.

4   E. Dussel, *La producción teórica de Marx*, *op. cit.*, p. 337. Anteriormente lo indica con otras palabras: «Intentaremos recorrer un discurso implícito, pero coherente con el discurso explícito de Marx. En cierta manera será un discurso creativo o distinto —en cuanto explicita lo implícito—, pero será estrictamente marxista —porque continúa sin contradicción el mismo discurso de Marx— [...]. Además, será un discurso nuestro, latinoamericano, y teniendo en vista —estratégicamente y de manera mediata— nuestra problemática real». *Ibid.*, p. 336.

Aunado a la cuestión de la dependencia, Dussel se acerca a Marx a partir de la pregunta que guiará sus investigaciones: ¿Por qué América Latina es pobre y por qué Estados Unidos y Europa no lo son? Las investigaciones que darán respuesta a esta pregunta lo llevarán a redactar cuatro tomos dedicados a Marx,[5] siendo el fenómeno de la dependencia entre naciones (con sus respectivos capitales), cuya esencia es la transferencia de plusvalor de una nación pobre a una rica en la competencia entre capitales globales nacionales, lo que responde la pregunta.[6] Sin agotar la interpretación del autor en un solo argumento, esta tesis sobre la dependencia y la transferencia de plusvalor (desde las propias categorías de Marx) podría resumirse como sigue:

> *Existe la dependencia* en un nivel esencial o fundamental, abstracto, y consiste en la relación social internacional entre burguesías poderosas de capitales globales naciona-

5   Ibid.; *Hacia un Marx desconocido, op. cit.*; *El último Marx (1863-1882) y la liberación latinoamericana, op. cit.*; *Las metáforas teológicas de Marx, op. cit.* En estos textos encontraremos capítulos como «Los *Grundrisse* y la filosofía de la liberación»; «Los *Grundrisse* y la "cuestión" de la dependencia»; «Los manuscritos del 61-63 y la filosofía de la liberación»; «Los manuscritos del 61-63 y el concepto de "dependencia"»; «Del último Marx a América Latina».

6   Cf. *Id., Hacia un Marx desconocido, op. cit.*, pp. 336-357. «La dependencia —dice Dussel—, en su esencia, es estrictamente extracción de plusvalor por competencia capitalista industrial». *Ibid.*, p. 352. En otra parte dirá: «La cuestión de la deuda externa actual a través del pago de intereses es un mecanismo de transferencia de plusvalor». *Ibid.*, p. 340.

les de diverso grado de desarrollo. En el marco de la competencia, el capital global nacional menos desarrollado se encuentra *socialmente dominado* [relación de personas], y, en último término, *transfiere plusvalor* [momento *formal esencial*] al capital más desarrollado, que lo realiza como ganancia extraordinaria.[7]

Además de una lectura latinoamericana de Marx, cabe señalar que en la lectura de Dussel sobre las cuatro redacciones de *El capital*[8] estará presente una constante

7   *Ibid.*, p. 348. No es objeto del presente volumen una explicación amplia de este tema complejo, aunque esencial, en la interpretación de Dussel; conviene, sin embargo, señalar brevemente cómo él enuncia la ley de la transferencia de plusvalor a partir de las categorías de Marx: «Cuando se intercambian internacionalmente mercancías, productos de capitales globales nacionales de diverso desarrollo (es decir, de diferente composición orgánica y de diversos salarios medios nacionales), la mercancía del capital más desarrollado tendrá menor *valor*. La competencia nivela, sin embargo, el precio de ambas mercancías en un precio medio único (precio de producción) que se logra sumando los costos de producción a la ganancia media mundial. De esta manera, la mercancía con menor valor (del capital nacional más desarrollado) obtiene un precio mayor a su valor, que realiza extrayendo plusvalor a la mercancía de mayor valor. Por ello, la mercancía del capital de menor desarrollo, aunque pueda realizar ganancia (si su precio de producción es menor que el precio medio o "precio de producción", internacional), *transfiere plusvalor*, porque el precio medio es menor que el valor de la misma mercancía». *Ibid.*, énfasis en el original.

8   Para Dussel, *El capital* de Marx tuvo cuatro redacciones y no solo una, la que conocemos. Según el autor, Marx comienza a escribir *El capital* desde los manuscritos de 1844 (los *Grundrisse*) avanzando en futuras investigaciones en precisiones conceptuales y categoriales que serán ya expresadas por Marx en los libros de *El capital*.

interrogante sobre la ética. Si bien esta no es tan explícita como el problema económico que le interesaba, la temática y la insistencia en indagar por la ética presupuesta en la crítica a la economía política de Marx se hace evidente en varios de los capítulos de los cuatro volúmenes. En ellos encontramos nuevamente una disonancia con las interpretaciones imperantes sobre la obra de Marx: en todas ellas un análisis desde la filosofía moral está prácticamente anulada. Sin embargo, la interpretación paralela de Marx desde la ética filosófica estará presente en las obras posteriores de Dussel:

> Pienso que la ética, para Marx, a diferencia de la moral vigente, es la *crítica* de la moral a partir de principios normativos igualmente críticos. Criticar la moral vigente, dominadora y fetichizada, es decir, la moral burguesa, es construir un discurso normativo que denominaremos ético. [La] ética, a partir de principios normativos críticos, puede poner en cuestión todos los principios normativos del sistema moral vigente […]. Se trata de una ética y no de una moral […]. El mejor ejemplo para mostrar la intención [de sus investigaciones de Marx] es la diferenciación entre tasa de plusvalor y tasa de ganancia, que pareciera una cuestión puramente económica, y no es así. La *tasa de explotación* o tasa de plusvalor es ética para Marx y es la más importante. La *tasa de plusvalor* es una «tasa de explotación», dice Marx.[9]

9   E. Dussel, *Siete ensayos de filosofía de la liberación. Hacia una fundamentación del giro descolonial*, Madrid, Trotta, 2020, p. 124, énfasis en el

Resulta interesante notar que para Dussel la ética comienza a entenderse como *crítica*, o bien como ética-crítica. Esta significación de la ética, sin embargo, no contradice la ética como meta-física, ya que la ética es el juicio que se formula desde las patologías del sistema, desde quienes sufren sus consecuencias negativas. De esta forma, la ética es el juicio que se hace desde la negatividad del sistema. La moral, por el contrario, es el sistema práctico que se da dentro del propio sistema: el sistema de valores y principios fundados en la totalidad. La ética irrumpe lo moralmente aceptado por el sistema dado, en este caso, el capitalismo. El acento que Dussel tratará de poner en esta lectura es que desde la vida, expresada en el trabajo vivo, Marx hará su crítica al capital oponiéndolo con el trabajo objetivado, el capital muerto.

Dussel lo explica así: cita primero dos fragmentos de *El capital*, que considera como punto de partida de la crítica de Marx al capital. El primer fragmento es: «El trabajo es la sustancia y la medida inmanente de los valores, pero él mismo no tiene valor alguno»,[10] en el que Dussel entiende trabajo como *trabajo vivo*. El segundo indica: «El valor del trabajo no es más que una expresión irracional para designar el valor de la fuerza de trabajo».[11] Dussel concluye:

---

original. Aquí Dussel resume lo expuesto en *El último Marx (1863-1882)*, *op. cit.*, pp. 429-449, especialmente pp. 438 y ss.

10   K. Marx, *El capital,* vol. 2, t. I, México, Siglo XXI, 1975, p. 653.

11   *Ibid.*, p. 656.

[La] oposición absoluta entre «trabajo vivo» y «trabajo objetivado» (y no entre trabajo abstracto o concreto) le permite construir las dos categorías iniciales: el «trabajo vivo» como la persona, la subjetividad, la corporalidad del trabajador, con el cual tiene «dignidad» *[Würdigkeit, Selbstgefühl]* pero no valor, y la «fuerza de trabajo», que tiene valor. La «fuerza de trabajo» es «trabajo objetivado» (medios de subsistencia) incorporado en la subjetividad, que se repone en el «tiempo necesario» al producir tanto valor como el contenido en el salario [...]. La diferencia que Marx describe entre trabajo «pago» y trabajo «impago» es estrictamente «ética», no «moral». Para la «moral» vigente burguesa, todo el trabajo es pagado íntegra y justamente en su valor por el salario. Para Marx, desde el horizonte «crítico» constituido por su concepto de capital, y usando las categorías construidas para tal fin, el total del valor producido puede dividirse en dos partes «formales», «éticamente» diferentes: una ha sido «pagada», la otra ha sido «robada»; «impago» significa que se ha usado algo sin pagárselo a su propietario: es un robo. Este «robo» solo aparece a una «conciencia ética», no a una mera «conciencia moral».[12]

12 E. Dussel, *El último Marx (1863-1882), op. cit.*, pp. 441 y s. La inmoralidad del trabajo impago, el robo del capitalista hacia el trabajador, señalada por Dussel se basa en el siguiente pasaje de *El capital*: «La forma del salario, pues, borra toda huella de la división de la jornada laboral entre trabajo necesario y plustrabajo, entre trabajo pago e impago. Todo trabajo aparece como trabajo pago». Cf. K. Marx, *El capital,* vol. 2, t. 1, *op. cit.*, p. 657.

De esta forma, Dussel presenta la crítica del capital de Marx como una ética a la cual se llega por medio de una fenomenología hegeliana invertida y con la ayuda del viejo Schelling, *esto último* parte importante de la interpretación de Dussel sobre Marx desde la historia de la filosofía y que desafía la interpretación clásica de que, sin Hegel, Marx no hubiera podido redactar su crítica a la economía política. Precisamente en esta introducción de Schelling a la interpretación de Marx vemos un tercer hallazgo fundamental de las investigaciones filosóficas de Dussel: él encuentra que Marx emplea el concepto de fuente *(Quelle)* y de creación *(Schöpfung)* de Schelling para definir al trabajo vivo como fuente creadora del plusvalor desde la nada del capital. Dice Marx:[13]

Porciones de igual magnitud del capital global en las diversas esferas de la producción comprenden fuentes de plusvalor de disímil magnitud, y *la única fuente del plusvalor la constituye el trabajo vivo.*[14]

13   Cf. *Ibid.*, caps. 9-10. Dussel dirá: «Lo que Schelling [en *Filosofía de la revelación*] situaba en referencia al "Absoluto" *creador*, Marx lo situará antropológica y económicamente con respecto al "trabajo vivo" *creador*». *Ibid.*, p. 351, énfasis en el original. Más adelante indica: «El tránsito de Schelling a Marx se efectúa gracias a Feuerbach, quien imprime un sentido antropológico y "sensible" a la exterioridad schellingniana, como es bien sabido». *Ibid.*, p. 354.

14   K. Marx, *El capital*, vol. 3, t. 1, México, Siglo XXI, 1975, p. 188, énfasis nuestro. Por la relevancia del texto, citamos en original: «Gleich große Stücke des Gesamtkapitals in den verschiedenen Produktionssphären schließen ungleich große Quellen des Mehrwerts

Puesto que en el desarrollo teórico de Marx el trabajo vivo es la fuente de la que brota el capital (el orden), se entenderá también que, para Dussel, Schelling está en el origen de Marx.[15] En otras palabras, Schelling está en la categoría más simple de Marx desde la cual este desarrolla su amplia crítica al capital.[16]

Además, en la categoría de trabajo vivo, en cuanto vida anterior y allende del capital, Dussel encuentra el punto exterior desde el cual Marx formula y profundiza su crítica al capital. Ahora bien, habría que resaltar que con ello Dussel encuentra la categoría de exterioridad en Marx expresada en el trabajo vivo como fuente de plusvalor.[17] Esto se explica por el propio concepto (metafísico) de fuente que difiere del de fundamento (concepto ontológico), puesto que

> el «trabajo vivo» es una causa generadora que constituye el valor del producto por sobre y por fuera [del fundamento del capital]. El «trabajo vivo» es así la «fuente» (más que «fundamento») que «crea» (y el concepto de «creación»

---

ein, und die einzige Quelle des Mehrwerts ist die lebendige Arbeit». K. Marx, *Das Kapital*, Bd. III, Berlín, Dietz, 1964, p. 158.

15 Cf. E. Dussel, *El último Marx (1863-1882), op. cit.* pp. 351 y ss.

16 La inversión o transformación que hace Marx de Hegel, desde Schelling, la explica Dussel de la siguiente manera: «Hegel comienza en su lógica por el "Ser" —opuesto a la "Nada" como su contrario—, que "deviene" en "Ente". Mientras que Marx comienza por el No-ser", que igualmente es la "Nada", el cual sin embargo "crea" el "Ser", siendo subsumido el creador como mediación, es decir, como "Ente"». *Ibid.*, p. 351.

17 Cf. *Ibid.*, p. 371.

debe distinguirse de la mera «producción» desde el «fundamento» del capital) *plusvalor* (ya que el valor total debe sustraerse del valor de la fuerza de trabajo que solo se «produce» desde el «fundamento»: reproduce el salario o el capital variable) desde *la nada* del capital (es decir: desde ningún valor presupuesto). El «trabajo vivo» pone en la realidad valor que surge «desde-más-allá» (trascendentalidad, exterioridad, anterioridad), del «ser» del capital.[18]

Con su interpretación sobre la crítica-ética de Marx, profundizará la categoría de «alteridad» descubierta en la filosofía de Lévinas. Esta interpretación de Marx, desde Schelling, representará un nuevo descubrimiento fundamental en las investigaciones filosóficas de Dussel.[19]

Por otra parte, Dussel encuentra en Marx una ética de contenido y una ética-crítica. La primera se funda en la materialidad como corporalidad (trabajo vivo, trabajo no subsumido en la totalidad del capital, trabajo

18   *Ibid.*, p. 377.
19   Con este nuevo descubrimiento en las investigaciones sobre Marx, identificamos al menos tres hallazgos fundamentales en las investigaciones de Dussel: (1) el no-lugar de América Latina en la historia mundial, en la historia de las civilizaciones, para lo cual la filosofía de la historia latinoamericana de Leopoldo Zea es de suma relevancia para el joven Enrique Dussel; (2) el descubrimiento de la Alteridad gracias a Lévinas y *Totalidad e infinito*, y (3) la alteridad en Marx expresada en la categoría de *trabajo vivo* descubierta por una interpretación desde Schelling. Más adelante identificaremos un cuarto hallazgo y momento fundamental del desarrollo de la filosofía de la liberación de Dussel: el Sur global como la fuente creadora del plusvalor del colonialismo, lo cual solo puede interpretarse y entenderse desde una discusión de la geopolítica mundial.

como vida digna infinita) que le permitirá en el futuro, en la segunda ética, formular los criterios del principio de la ética desde la vida como criterio último de toda ética. Cuando se afirma que el trabajo vivo está más allá y es anterior al capital, se afirma que la subjetividad carnal, la vida, está siempre más allá de cualquier creación social, comunitaria, histórica, como lo es el propio capital. La segunda la encontramos en la crítica de Marx a la acumulación del capital, que es proporcional al empobrecimiento y desrealización de otros: «La acumulación de riqueza de un polo es al propio tiempo, pues, acumulación de miseria, tormentos de trabajo, esclavitud, ignorancia, embrutecimiento y degradación moral en el polo opuesto, esto es, donde se halla la clase que *produce su propio producto como capital*».[20] Al respecto, Dussel dice: «Si esto no se llama "ética", no creo que ningún tratado tenga el derecho de llevar ese nombre, desde la *Ética a Nicómaco* del propio Aristóteles».[21]

Si bien Leopoldo Zea, en la década de 1960, y Emmanuel Lévinas, en la de 1970, marcaron las investigaciones de Dussel y sus horizontes teóricos e interpretativos, ahora se sumará Marx en el camino de su filosofía de la liberación.

---

20   K. Marx, *El capital*, vol. 3, t. 1, *op. cit.*, p. 805. «Die Akkumulation von Reichtum auf dem einen Pol ist also zugleich Akkumulation von Elend, Arbeitsqual, Sklaverei, Unwissenheit, Brutalisierung und moralischer Degradation auf dem Gegenpol, d.h. auf Seite der Klasse, die ihr eignes Produkt als Kapital produziert». K. Marx, *Das Kapital*, Bd. 1, Berlín, Dietz, 1964, p. 675.

21   E. Dussel, *El último Marx (1863-1882)*, *op. cit.* pp. 449.

INTERMMEZO.
COLONIALIDAD, EUROCENTRISMO
Y TRANSMODERNIDAD

Hasta ahora hemos presentado algunos aspectos importantes del contexto histórico que marcó el inicio de la filosofía de Enrique Dussel, así como su recorrido filosófico durante las décadas de 1970 y 1980, en esta última dominando marcadamente su interés por Marx. Si el sistema colonial fue directamente confrontado desde la ética, la política y la filosofía de la liberación que Dussel escribe en la década de 1970, queda ahora enfocarse en la ideología global que recorrerá las naciones de la expansión del colonialismo europeo: el eurocentrismo.[1] Dussel reforzará la crítica a esta ideología colonial apoyado en sus investigaciones históricas llevadas a cabo en diversos momentos de su trayectoria.[2]

1   Cuando Dussel se refiere a la crítica a la ideología colonial del eurocentrismo, tiene en mente a Edward Said, aunque su preocupación será, en principio, desde América Latina. Cf. E. Said, *Orientalism*, Londres, Penguin, 1977 [trad. cast.: *Orientalismo*, Barcelona, Debate, 2013].
2   La obra de Dussel sobre historia, historia de las ideas e historia de la filosofía es tan amplia como su producción filosófica: desde *Para*

Junto a la fundamentación de su filosofía, Dussel ha construido una reinterpretación de la historia tradicional que ha seguido la visión eurocéntrica. Desde *Hipótesis para el estudio de Latinoamérica en la historia universal*[3] comienza a posicionar a América Latina como la región histórica en la que se han desarrollado dos de las seis grandes ecúmenes neolíticas mundiales, esto es, la civilización mayo-azteca y los incas, a la par de las otras grandes civilizaciones milenarias de Mesopotamia, Egipto, India y China. Con esta reinterpretación comienza a mostrarse que la Europa moderna no ha sido la gran cultura milenaria que la historia eurocéntrica quiere mostrar, sino que esta fue precedida por los grandes centros primarios de la alta cultura (las seis ecúmenes).

La historia que seguirá Dussel (de forma particular en la cultura de Mesopotamia y Egipto, así como las culturas originarias de América Latina),[4] se desarrolla

---

una *de-strucción de la historia de la ética, op. cit.* hasta su *Política de la liberación. Historia mundial y crítica*, Madrid, Trotta, 2007, pasando por *1492: El encubrimiento del Otro. Hacia el origen del "mito" de la modernidad, op. cit.*, e incluso el monumental libro coordinado por él, Eduardo Mendieta y Carmen Bohórquez: Cf. E. Dussel, E. Mendieta y C. Bohórquez (eds.), *El pensamiento filosófico latinoamericano, del Caribe y «latino» (1300-2000), op. cit.*

3   E. Dussel, *Hipótesis para el estudio de Latinoamérica en la historia universal*, Resistencia, Universidad del Nordeste, 1966.

4   Como se ha indicado en el capítulo 1, la reinterpretación de la historia desde las categorías de la filosofía de la liberación surgió como una necesidad de encontrar el origen y la identidad histórica de América Latina en la historia. Dussel recibió de Leopoldo Zea la clave de la exterioridad absoluta de América Latina en la historia

desde el núcleo ético-mítico de cada una de ellas, pues le permitía mostrar los supuestos ontológicos y la estructura ético-política de aquellas grandes culturas, con lo cual no solo se hace una historia de los medios e instrumentos de las civilizaciones, como normalmente aparecen en la historia eurocéntrica (y a veces ni siquiera eso), sino de su núcleo cultural e histórico. Con esto Dussel comenzó a desarrollar una reinterpretación de la historia que posicionaba a América Latina y sus grandes civilizaciones en el origen de la humanidad, que en la historia tradicional se les ha querido ver más como un objeto de museo que como comunidades que expresan una forma de vida y de racionalidad.

Si bien para Dussel desmontar la historia tradicional comienza por un descubrimiento y reconocimiento histórico de la positividad de las seis ecúmenes, la reinterpretación histórica emprendida por él tomará conciencia de la situación geopolítica reconociéndolas como las periferias del sistema-mundo-moderno-capitalista-colonial. Esto se ve de forma nítida en «Cultura imperial, cultura ilustrada y liberación de la cultura popular», apéndice del tomo III de su *Filosofía ética latinoamericana*.[5]

A partir de los movimientos populares y estudiantiles que surgieron a finales de la década de 1960 en

---

mundial. De igual forma, había retomado de Paul Ricœur, en París, la doctrina de los núcleos ético-míticos.

5   Cf. E. Dussel, *Filosofía ética latinoamericana*, t. III, *op. cit.*

Argentina y América Latina, y con la ayuda de teorías sociales críticas como la teoría de la dependencia, dos aspectos centrales geopolíticos surgieron a la superficie: 1) la distinción entre países con modelos desarrollados y países con modelos subdesarrollados, con la pretensión de Europa en la década de 1970 de dominar con su modelo liberal-capitalista (y socialista) y que se tomaban como los centros históricos desde los cuales se orientaría el futuro desarrollo mundial, con lo cual 2) se establecía una relación de centro-periferia, que en última instancia era una relación de subordinación por parte de las regiones «desarrolladas» a las «subdesarrolladas».

Lo que se ocultaba en esta relación era no solo fetichizar el modelo de los desarrollados, sino despreciar, como consecuencia de ello, las aportaciones que las culturas así llamadas (despectivamente) subdesarrolladas pudieran ofrecer. La dominación que se establecía era cultural, política, económica, pedagógica, científica, religiosa, etc. Es decir, la dominación se llevaba a todos los campos prácticos de la cotidianidad en la periferia.

Una de las tesis que desarrolla Dussel, y con la cual intentará mostrar la falsedad de la tesis histórica de que Europa es el máximo esplendor de la civilización y centro mundial desde el Renacimiento italiano, será que la hegemonía europea mundial se logró después de la Revolución industrial, ya que hasta antes de que esta ocurriera, Inglaterra, Francia, Alemania estaban marginados del mayor productor de mercancías, China, que todavía en el siglo XVIII cumplía un papel fundamental en las relaciones comerciales de la región occidental.[6] Esto indica que gran parte de la plata y los metales preciosos que Europa había usurpado de México y Perú habían ido a parar a China, pues era el proveedor de muchos de los bienes que Europa no producía, como la porcelana, la seda y la pólvora.

Será entonces con la crisis política de China e Indostán en el siglo XVII y posteriormente en el XVIII con su crisis económica, así como por la creación de la maquinaria industrial (Revolución industrial, que permitió una acelerada creación de plusvalor relativo) que Europa tendrá desde el siglo XVIII las ventajas técnico-culturales que le permitirán la hegemonía en el sistema-mundo. De modo que, siguiendo la interpretación de Dussel, la hegemonía económica y técnica de la Europa-moderna-occidental-central duró en realidad doscientos años (1789-1989).[7]

La reinterpretación de la historia que acompaña la producción conceptual y categorial de la ética y la política de la liberación permitirá a Dussel definir con claridad el proyecto histórico y cultural que trascienda la especificidad geopolítica de la modernidad: la dominación del centro sobre las regiones constituidas como periferia dentro del sistema-mundo-moderno-

6   Cf. sobre este punto la serie de ensayos sobre historia mundial reunidos en E. Dussel, *Hacia una filosofía política crítica*, Bilbao, Desclée de Brouwer, 2001, pp. 345-433.
7   Cf. *Ibid.* Véase también E. Dussel, *Política de la liberación. Historia mundial y crítica, op. cit.*

capitalista. Ese proyecto es la trans-modernidad,[8] que Dussel define como

> el proyecto mundial de liberación donde la Alteridad, que era co-esencial de la Modernidad,[9] se realice igualmente [...]. La realización sería ahora el pasaje trascendente, donde la Modernidad y su Alteridad negada (las víctimas), se co-realizarán por mutua fecundidad creadora. El proyecto trans-moderno es una co-realización de lo imposible para la sola Modernidad; es decir, es co-realización de

8 Ya en el tercer tomo de *Filosofía ética latinoamericana*, encontramos: «El pecado de la dominación, de la conquista, de la explotación, del robo, deben ser pensados por una ética trans-moderna; una ética de la liberación que declare como inmoral y asesino al pretendido *homo contemplativus,* el que en su aparente sublimidad daba fundamento ontológico a la inmolación de otros hombres, a la incorporación del indio, del africano y del asiático como mediaciones cósicas intratotalizadas por el "sistema" moderno europeo». E. Dussel, *Filosofía ética latinoamericana,* t. III, *op. cit.,* p. 9. Si bien aquí define la ética de la liberación como ética trans-moderna, en la primera edición de *Filosofía de la liberación* (1977, p. 9), definirá la filosofía de la liberación como «filosofía posmoderna». Sin embargo, Dussel dejará de lado todo sobre posmodernismo para quedarse con la formulación y justificación de un proyecto transmoderno, ya que este designa una apertura al Otro.

9 Para Dussel, la Modernidad no comienza con el proceso de secularización del pensamiento en Europa de donde surgió el relato de la historia tradicional, el desarrollo de la ciencia y la tecnología: «La Modernidad *realmente* puede nacer cuando se dieron las condiciones históricas de su origen *efectivo:* en 1492 —su empírica mundialización, la organización de un mundo colonial, y el usufructo de la vida de sus víctimas, en un nivel pragmático y económico—. La modernidad nace realmente en 1492: esa es nuestra tesis». *Ibid.,* p. 356, énfasis en el original.

solidaridad, que hemos llamado analéctica, del Centro/
Periferia, Mujer/Varón, diversas razas, diversas etnias, diversas clases, Humanidad/Tierra, Cultura occidental/Cul-
turas del Mundo Periférico excolonial, etcétera; no por
pura negación, sino por *incorporación* desde la Alteridad.[10]

Así como la filosofía de la modernidad necesitó de una
interpretación de su particularidad regional en la historia para construir su producción filosófica en la ética y la política que se definiera como transmoderna,
Dussel se vio obligado a continuar por la tradición de
los filósofos latinoamericanos que reinterpretaron la
historia mundial desde el *locus* latinoamericano, como
Zea o Salazar Bondy. Dussel explica cómo fue avanzando en esta línea:

Lentamente, aunque la cuestión había sido vislumbrada
intuitivamente desde finales de la década de 1950, se pasa
de a) una obsesión por «situar» América Latina en la historia mundial —lo que exigió reconstruir totalmente la visión de dicha historia mundial— a b) poner en cuestión la
visión *standard* (de la generación hegeliana) de la misma
historia universal que nos había «excluido», ya que, al ser
«eurocéntrica»,[11] construía una interpretación distorsionada,

10   E. Dussel, *Hacia una filosofía política crítica, op. cit.*, p. 356, énfasis en
el original. Lo citado es análogo al argumento que encontramos ya
en *Filosofía ética latinoamericana, op. cit.*, p. 90.
11   Recordemos que eurocentrismo es la ideología que justifica a
Europa como centro civilizatorio de principio a fin de la historia
mundial. Cf. E. Dussel, *Hacia una política crítica, op. cit.*, p. 354. El *mito*

no solo de las culturas no-europeas, sino que esta conclusión *a priori* —igualmente interpretaba inadecuadamente a la misma cultura occidental—. El «orientalismo» (defecto de la interpretación europea de todas las culturas al oriente de Europa, que Edward Said muestra en su famosa obra de 1978, *Orientalismo*) era defecto articulado y simultáneo al «occidentalismo» (interpretación errada de la misma cultura europea).[12]

Y bien, pasar de *cuestionar* el proyecto político de la modernidad a la *formulación de un proyecto mundial abierto a la alteridad* negada y excluida es el pasaje de la crítica a la construcción «de una futura cultura transmoderna [que] asume los momentos positivos de la modernidad»,[13] entendiendo que «trans-modernidad indica todos los aspectos que se sitúan "mas-allá" (y también "anterior") de las estructuras valoradas por la cultura moderna europea-norteamericana, y que están vigentes en el presente en las grandes culturas universales no-europeas y que se han puesto en movimiento hacia una utopía pluriversal».[14] Esta utopía se irá articulando con la propuesta de la construcción de un *pluriverso* mundial en el cual prime el diálogo entre culturas, en donde el diálogo Sur-Sur sería el primer paso.[15]

---

de la modernidad, fundamental para entender la autojustificación de Europa como centro civilizatorio.

12   E. Dussel, *En búsqueda del sentido, op. cit.*, p. 104.

13   *Ibid.*, p. 116.

14   *Ibid.*

15   *Ibid*, p. 272.

El proyecto de la construcción de un pluriverso mundial fue planteado por primera vez por Dussel en 2008 durante el XXII Congreso Mundial de Filosofía, en Seúl,[16] a la luz de los cambios geopolíticos que comenzaban con el surgimiento de naciones periféricas que iniciaban a formar el bloque geopolítico y geoeconómico conocido como BRICS (Brasil, Rusia, India, China, Sudáfrica). Con el reconocimiento positivo de estas naciones, y no solo negativo como pieza de museo o de *folklore*, se podría transitar hacia un momento histórico en el cual no prime ni domine una cultura sobre las demás, como ha ocurrido con el proyecto eurocéntrico y del Imperio «americano». Dussel propone el diálogo entre las tradiciones filosóficas de las diferentes culturas como el comienzo para establecer un diálogo mundial entre culturas. De esta forma,

en el horizonte se abre un proyecto mundial analógico de un pluriverso *trans-moderno* (que no es simplemente «universal», ni «pos-moderno»). Ahora «otras filosofías» son posibles, porque «otro mundo es posible» —como lo proclama el Movimiento Zapatista de Liberación Nacional de Chiapas, México.[17]

Así, el proyecto mundial que plantea Dussel, en una articulación entre trans-modernidad y pluriversalidad,

16   Cf. E. Dussel, «Una nueva edad en la historia de la filosofía: el diálogo mundial entre tradiciones filosóficas», en *En búsqueda del sentido, op. cit.*, pp. 257 y ss.
17   *Ibid.*, p. 275.

dista del proyecto homogeneizante del eurocentrismo y del «estadounicentrismo», proyectos que borran la diversidad cultural del propio mundo subsumiéndolos, en el mejor de los casos, en su propio marco de interpretación y comprensión y no en su alteridad como otra cultura, otra historia. El proyecto transmoderno pluriversal es, en otras palabras, un intento de superar el eurocentrismo cultural, histórico, político, económico, educativo… y filosófico.

Por otra parte, si bien la década de 1990 estará dominada en gran medida por el diálogo Norte-Sur que sostuvo Dussel con la ética discursiva, principalmente en la propuesta de Karl-Otto Apel, también es cierto que en esa década comienza a manifestarse un tercer aspecto fundamental de la filosofía de la liberación a partir de sus estudios sobre historia mundial y geopolítica: el Sur global como fuente creadora del plusvalor del colonialismo. Esta interpretación —que bien puede considerarse el cuarto descubrimiento fundamental de la filosofía de la liberación de Dussel y sus investigaciones— está precedida de largas décadas de pensar la filosofía desde la geopolítica y el estudio e interés por las culturas mundiales, sumando a ello los diez años de investigaciones sobre Marx. Sin agotar el argumento de este cuarto hallazgo, puede sintetizarse en el siguiente fragmento:

El dominio despótico sobre los cuerpos de los nuevos siervos coloniales [a partir del siglo XVI en Amerindia] era estructurado en un sistema económico que se fundaba, ni siquiera en un intercambio desigual, sino en la simple extracción, robo o posesión ilícita de todas las riquezas explotables que la dominación militar permitía [...]. La riqueza minera (plata y oro) era simplemente poseída por los colonos, debía pagar un tributo a la corona, y pasaba a Europa donde se derramaba en el novísimo mercado mundial (el primero realmente mundial, y cuya primera «moneda» fue la plata extraída por los indios de México o Perú, o los esclavos africanos, posteriormente, en Minas Gerais en Brasil). «Acumulación originaria» de procedencia colonial. Cuando el mercantilismo de los metales y productos tropicales se transformen en capitalismo industrial (alrededor de 1750), *el Sistema-Mundo en su «centro» comenzará la acumulación del plusvalor propiamente dicho en Europa*, y *reestructurará el contrato colonial*, bajo la hegemonía inglesa, comenzando un intercambio desigual con la producción textil. En torno al 1870, la acumulación de riqueza y tecnología permite la expansión del Imperialismo [...]. La «periferia» siempre quedará en posición *asimétrica*.[18]

Este fragmento expresa la colonialidad desde una perspectiva económica, esencial para definir las relaciones materiales con las que continuará históricamente el proyecto colonial de la modernidad: es una *vuelta de tuerca* más de este proyecto. Dussel expresa cómo en el orden mundial el Sur se constituyó en la fuente creadora de plusvalor que le permitirá al capitalismo inglés erigirse como el centro de las relaciones

18   *Id.*, *Hacia una política crítica, op. cit.*, pp. 372 y s., énfasis nuestro.

económicas del sistema-mundo-moderno-capitalista. Esta interpretación del Sur como fuente creadora —*desde la exterioridad*— del orden mundial es análogo a aquel que descubre a la periferia como creadora de la modernidad.[19] En una frontal crítica a Gianni Vattimo, filósofo a quien Dussel considera falto de «conciencia [de] que los fenómenos intraeuropeos anteriores a 1492 son provincianos [y regionales]», el filósofo argentino-mexicano indica:

> La nota constitutiva de la modernidad […] es la «centralidad» empírica de Europa en la inaugurada (por Portugal y España) historia efectivamente mundial. El no considerar esta «centralidad» como nota esencial de la modernidad es una actitud económica, porque atribuiría a las virtualidades medievales de los burgos libres *(Frei-burg)* de Europa todos los logros modernos posteriores, que son fruto de una dialéctica entre centro-periferia; es decir, *la «periferia» es creadora igualmente de la modernidad* y debe entrar en la descripción de su crisis final. Esa periferia de la modernidad es su «otra cara» […] constitutiva. No hay modernidad sin «modernizado», civilización sin «bárbaro». Pero esta relación ocultada, olvidada, no advertida, cubre igualmente lo que he denominado el «mito de la modernidad»: la justificación de la violencia irracional contra la

19   Como podrá notarse, Dussel está empleando el concepto de fuente creadora (Exterioridad) que había descubierto en Marx para resignificarlo hacia el orden colonial mundial. Es decir, el Sur como fuente creadora desde la Exterioridad del orden colonial en su cara económica, política o cultural.

periferia en nombre del proceso civilizador, situando a los victimarios (conquistadores, comerciantes, imperios coloniales, cultura superior) como inocentes, y a los victimados como culpables.[20]

Ahora bien, este orden colonial será subsumido en la época neocolonial mundial representada ideológica e institucionalmente global en el modelo neoliberal. La desigualdad se gestiona y gobierna desde nuevos recursos ideológicos, económicos, políticos, geopolíticos y culturales, ciertamente, pero sin dejar de establecer relaciones de asimetría entre el centro y las periferias, sin olvidar que el neoliberalismo es una forma contemporánea de colonización: neocolonialismo se le ha llamado en América Latina. Para Dussel:

La actual etapa transnacional del capitalismo pone ahora en la periferia el momento productivo del capital (las fábricas) de las industrias que dejan de ser «de punta», absorbiendo el bajo salario del miserable proletariado externo (en Asia o América Latina). La «asimetría» es total. Los «Siete Grandes» (el «Grupo de los Siete»: G7) deciden sobre el destino de la humanidad. La concentración de

20   E. Dussel, *Posmodernidad y transmodernidad. Diálogos con Gianni Vattimo*, México, Universidad Iberoamericana de Puebla, 1999, pp. 38 y s., énfasis nuestro. Dussel continuará: «Entre las violencias que Vattimo (Nietzsche o Heidegger) le atribuye a la *ratio* estratégico-instrumental moderna, no se incluye aquella por la que aniquila las culturas no-europeas del planeta, reduciendo a ser un mundo colonial, dominado, excluido, a la gran mayoría de la humanidad». *Ibid.*, p. 39.

riqueza en manos de Estados Unidos, Japón y Europa (población que no alcanza el 15% de la humanidad) controla, usa, consume y destruye irresponsablemente hasta el 80% de los bienes no renovables de la tierra.[21]

Aunque se reconozca, por otra parte, que el orden mundial responde a una lógica geopolítica y geoeconómica del perseguimiento de intereses propios del centro, no se dejará de reconocer *el colonialismo interno*, en palabras de Pablo González.[22] Si bien Dussel pone énfasis en el colonialismo geopolítico de la organización del sistema-mundo, también afirmará con ello que

> los procesos de emancipación nacional anticoloniales (desde el comienzo del siglo XIX en América Latina y en la segunda parte del siglo XX para África y Asia) dejan desde su origen las huellas neocoloniales de la etapa colonial. Explotación económica estructural, dominación militar, *y muy especialmente «domesticación» cultural* [...] *de las mismas élites que lideran la emancipación.*[23]

Lo anterior ayuda a entender un tema pendiente en América Latina señalado por Dussel: la segunda emancipación. Esta se distingue de la primera en que el *locus* geopolítico del centro no es ya, al menos de forma

21 *Ibid.*, p. 373.
22 P. González, «El colonialismo interno», en *Obras escogidas, vol. 1. Explotación, colonialismo y lucha por la democracia en América Latina*, México, Akal, 2017, pp. 121-146.
23 E. Dussel, *Hacia una política crítica, op. cit.*, p. 373, énfasis nuestro.

clara, Europa como lo fue hasta el fin de la así llamada Segunda Guerra Mundial, sino ahora desde la hegemonía de Estados Unidos, que comenzó precisamente en el periodo de la posguerra, en la década de 1940. Para América Latina, y de forma específica para México, el imperio ya no está al otro lado del Atlántico, sino en el norte de la región. Por otra parte, esta segunda emancipación responde no solo a la geopolítica del sistema-mundo actual, sino a un proceso de liberación interno de las élites (criollas) que han dominado el periodo independiente en América Latina excluyendo a los pueblos originarios y a las comunidades afrolatinoamericanas del proceso de liberación. La exclusión y la negación de estas comunidades, colonizadas (mas no conquistadas) por el periodo colonial, se sumió en el racismo que continuó en las relaciones sociales dominadas por las élites criollas. En otras palabras, el racismo continuó en América Latina por la domesticación de las élites criollas a las relaciones racistas de las metrópolis imperiales y sobre ella se construyeron los Estados independientes latinoamericanos. En esta medida, la segunda emancipación como proyecto de liberación deberá eliminar la colonización en todas sus formas y lograr la anhelada liberación de América Latina.[24]

24   Dussel desarrollará ampliamente esto sobre todo en «La otra historia del imperio americano. La crisis del colonialismo y de la globalización excluyente», en E. Dussel (ed.), *Política de la liberación, t. III. Crítica creadora*, Madrid, Trotta, 2022, pp. 27 y ss.

ÉTICA DE LA LIBERACIÓN EN LA EDAD DE LA GLOBALIZACIÓN Y LA EXCLUSIÓN (1998). DE UNA ÉTICA-CRÍTICA FENOMENOLÓGICA A UNA ÉTICA-CRÍTICA DEÓNTICA Y EL DIÁLOGO FILOSÓFICO NORTE-SUR

En la década de 1990 Enrique Dussel era ya un filóso-fo maduro que durante los años setenta había hecho un planteamiento importante para la filosofía práctica crí-tica, que había dedicado una década completa al estu-dio de Marx y que, desde 1989, comenzaba un diálogo filosófico intercultural con colegas y amigos conocidos de hace tiempo como Hinkelammert y Fornet-Betan-court, al cual se sumaba Apel con su propuesta de la ética discursiva y la pragmática trascendental.

Después de los diálogos que Dussel sostuvo en la década de 1970 con Leopoldo Zea, los representantes de la teoría de la dependencia y de la teología de la liberación, y su continuo diálogo con Scannone, y mu-chos otros filósofos latinoamericanos, será el diálogo filosófico intercultural promovido por Fornet-Betan-court, en donde se integra Apel,[1] aquel que significará

1   El diálogo sostenido con Karl-Otto Apel por poco más de diez

un segundo impulso para el desarrollo de su filosofía.[2] Previo a este diálogo, parecía que *Para una ética de la liberación* se sostenía en su capacidad explicativa y crítica sobre los sistemas de eticidad y sus alternativas de liberación. Sin embargo, será este diálogo fructífero el que lo llevará a replantear su *Ética* decididamente.

Este impulso se notará en el cambio metódico que se da en lo que bien puede llamarse su segunda ética de la liberación, publicada como *Ética de la liberación en la edad de la globalización y la exclusión.*[3] Esta no solo recoge el diálogo Norte-Sur, como también se puede llamar al diálogo entre filósofos del centro con los de las periferias, sino también se sitúa en un contexto histórico en el cual la hegemonía del capitalismo neoliberal era ya inminente ante el resquebrajamiento del bloque socialista, siendo Cuba la excepción. El neoliberalismo (apoyado por las embajadas estadouniden-

---

años quedó registrado en K-O. Apel y E. Dussel, *Ética del discurso y ética de la liberación*, Madrid, Trotta, 2004.

2   Las actas y participaciones en torno a este diálogo fuertemente alentado por Raúl Fornet-Betancourt quedaron registradas en K-O. Apel, E. Dussel y R. Fornet-Betancourt, *Fundamentación de la ética y filosofía de la liberación*, México, Siglo XXI-UAM, 1992; E. Dussel (comp.), *Debate en torno a la ética del discurso de Apel*, México, Siglo XXI-UAM, 1994.

3   E. Dussel, *Ética de la liberación en la edad de la globalización y la exclusión, op. cit.* Entre la ética de la década de 1970 y la de 1998, Dussel publicó *Ética comunitaria, op. cit.*, que, si bien recoge la lectura sobre el Marx de los *Grundrisse*, no presenta un cambio metódico importante como sí lo hace la *Ética* publicada en 1998. Con todo, para un estudio detallado de la ética filosófica de Dussel, *Ética comunitaria* es un documento que no puede quedar fuera del análisis.

ses) en América Latina ya había dejado severas consecuencias negativas en la región y Dussel no pudo más
que expresar la crítica desde la ética a este modelo de
exclusión y empobrecimiento masivo.

Desde este contexto, la *Ética* de 1998, o *ética amarilla* como comúnmente se le conoce en los pasillos y las
aulas donde Dussel impartía clase, presenta una permanencia en cuanto a la ética analéctica: es una ética crítica del sistema-mundo-capitalista desde la alteridad del
Otro, excluido por la globalización neoliberal. Las categorías de totalidad y exterioridad para explicar el
momento de dominación y el *locus* exterior al orden
desde donde surge lo nuevo seguirán siendo partes
interpretativas fundamentales en esta segunda ética de
la liberación. Sin embargo, en ella se notará un cambio
de método: Dussel pasará de una ética fenomenológica
analéctica a una ética deóntica (de formulación de
principios prácticos) que justifica el *deber* de la praxis
humana en una diferenciación de momentos del acto
con pretensión de bondad.

Este cambio se explica, primero, por una influencia del debate con la ética del discurso de Apel, la cual
puede entenderse como una ética neokantiana que
incluye las contribuciones del giro lingüístico-prag-
mático y de la filosofía del lenguaje;[4] segundo, por la
convicción de Dussel de que una ética mundial, como

---

4 Véase el debate entre Dussel y Apel en el texto ya referido para
una síntesis de la propuesta de la ética del discurso y la forma en que
esta recibió a la ética de la liberación.

la que él pretende fundamentar, requiere de la expresión del deber que *obliga* a realizar una acción o acto que debe ser seguido por quien pretenda cumplir un acto ético. Es decir, Dussel ve en el deber un alcance universal más firme que una ética que parta del aparecer del Otro como Otro situado en un contexto específico, como pueden ser los pueblos del Sur. En otras palabras, Dussel ve, a partir de las críticas de Apel a la ética de la liberación,[5] que la ética fenomenológica de la década de 1970 caía en una especie de particularismo o regionalismo, mientras que la justificación argumentativa universal del deber permite mostrar por qué realizar cierto acto es bueno.

Dussel se permitirá hacer este cambio de método porque, a diferencia de una ética abstracta que solo es capaz de mostrar la forma del deber actuar, como la kantiana[6] e incluso la ética discursiva, él había encontrado en Marx una ética material, de contenido, en la categoría de trabajo vivo (trabajo en su inicio exterior a la totalidad del capital). *Trabajo vivo* significa la persona, la subjetividad, la corporalidad del trabajador, ahora con la salvedad de que el trabajo vivo es *vida humana*. Con esto, Dussel tratará de articular *forma* (el deber) y *contenido* (la vida humana) en su reformulación de la ética. Esto se ve en el principio material positivo que postula en el primer capítulo de esta segunda *Ética*:

---

5   Cf. K-O. Apel y E. Dussel, *Ética del discurso y ética de la liberación*, *op. cit.*

6   Cf. I. Kant, *Fundamentación de la metafísica de las costumbres*, Madrid, Tecnos, 2006.

El que actúa éticamente debe (como obligación) producir, reproducir y desarrollar auto-responsablemente la vida concreta de cada sujeto humano, en una *comunidad de vida*, inevitablemente desde una «vida buena» cultural e histórica (su modo de concebir la felicidad con una cierta referencia a los valores y a una manera fundamental de comprender el ser como deber ser, por ello con pretensión de rectitud también), que se comparte pulsional y solidariamente teniendo como referencia última a toda la humanidad.[7]

Aunque pareciera que aquí termina la *Ética* de 1998, en realidad recién comienza. Dussel incluirá en ella algunas de las aportaciones más importantes de Apel y de Hinkelammert, resignificándolas en su nueva arquitectónica de la ética en la cual con el principio material apenas se ubica su primer momento. De esta forma, junto a este principio material de la vida, continuará formulando lo que él llamará el principio universal moral formal. En la fundamentación de este

---

7   E. Dussel, *Ética de la liberación en la edad de la globalización y la exclusión*, *op. cit.*, p. 140. A la par de la formulación y fundamentación de los principios deónticos, Dussel enuncia los criterios de aplicación del principio. El criterio correspondiente a este primer principio (de seis) versa como sigue: «El que actúa humanamente siempre y necesariamente tiene como contenido de su acto alguna mediación para la producción, reproducción o desarrollo autorresponsable de la vida de cada sujeto humano en una comunidad de vida como cumplimiento material de las necesidades de su corporalidad cultural, teniendo por referencia última a toda humanidad». *Ibid.*, p. 132.

principio se hacen evidentes ya las aportaciones de la ética discursiva de Apel, sobre todo, así como aquellas del giro lingüístico, presentando a la vez una recepción crítica del entonces exprofesor de la Universidad de Frankfurt. Parte importante de este principio en la *Ética* de 1998 es que se problematiza la validez intersubjetiva recogiendo todo el planteamiento sobre el acuerdo intersubjetivo que emana de una comunidad de argumentantes (Apel) o comunicativa (Habermas). La discursividad de una comunidad, así como la relación interpersonal mediada por el lenguaje, aunada a la necesidad de actuar por consenso y acuerdo intersubjetivo[8] —producto de un discurso razonado y argumentativo— son elementos de los que carecía la ética fenomenológica-analéctica. Con las aportaciones de la ética discursiva de Apel, particularmente aquellas expresadas en *La transformación de la filosofía*,[9] aunque también con aquellas de la *Teoría de la acción comunicativa*[10] de Habermas, Dussel pudo reforzar con los

---

8   Por ejemplo, en *La transformación de la filosofía*, Apel dirá: «El acuerdo *[Verständigung]* en el lenguaje ordinario es irrebasable únicamente en la medida en que en él —y sólo en él— puede realizarse el ideal normativo del acuerdo y, por ello, debe ser siempre ya anticipado. Precisamente por esto, el acuerdo en el lenguaje ordinario es incuestionable en su totalidad, porque tenemos que ponerlo en cuestionamiento virtualmente en cada caso particular en aras del ideal del acuerdo que todavía debe ser realizado». K-O. Apel, *La transformación de la filosofía*, t. II. *El apriori de la comunidad de comunicación*, Madrid, Taurus, 1985, p. 370.

9   *Id.*, *La transformación de la filosofía*, *op. cit.*, tt. I-II.

10   J. Habermas, *Teoría de la acción comunicativa*, tt. I-II, Madrid, Taurus, 1987.

recursos de la filosofía pragmática-discursiva contemporánea el planteamiento del sujeto comunitario (la comunidad).[11] Finalmente, la *validez intersubjetiva* es el juego lingüístico que permite la discursividad de la comunidad de comunicación y que tiene como *telos* el consenso y el acuerdo entre los participantes de una comunidad de comunicación (Habermas) o discursiva (Apel). En este sentido, algo es válido cuando ha sido discutido, acordado y consensuado en comunidad. Esto será retomado por Dussel como parte vertebral en la formulación del segundo principio moral de la arquitectónica (el principio universal formal), que se enuncia de la siguiente forma:

---

[11] Recuérdese, por ejemplo, el *apriori* de la comunidad de comunicación formulado por Apel: «Quien argumenta presupone ya siempre simultáneamente dos cosas: en primer lugar, una comunidad real de comunicación, de la que se ha convertido en miembro mediante un proceso de socialización y, en segundo lugar, una comunidad ideal de comunicación que, por principio, estaría en condiciones de comprender adecuadamente el sentido de sus argumentos y de enjuiciar definitivamente su verdad. Sin embargo, lo curioso y dialéctico de la situación consiste en que quien argumenta presupone, en cierto modo, la comunidad ideal en la real, como posibilidad real de la sociedad real, aunque sabe que la comunidad real —incluido él mismo— está muy lejos de identificarse con la ideal *(en la mayor parte de los casos)*». K-O. Apel, *La transformación de la filosofía*, t. II, *op. cit.*, p. 407. Si se considera que previo a la *Ética* de 1998 Dussel había publicado en 1986 *Ética comunitaria*, se entenderá por qué entonces hay una afinidad y recepción positiva de Dussel sobre la ética pragmático-trascendental de Apel. Esta no era, en otras palabras, una ética del egoísmo o individualista, sino comunitaria.

El que argumenta con pretensión de validez práctica, desde el reconocimiento recíproco como iguales de todos los participantes que por ello guardan una simetría en la comunidad de comunicación, acepta las exigencias morales procedimentales por las que todos los afectados (afectados en sus necesidades, en sus consecuencias o por las cuestiones éticamente relevantes que se tratan) deben participar fácticamente en la discusión argumentativa, dispuestos a llegar a acuerdos sin otra coacción que la del mejor argumento, enmarcado dicho procedimiento y decisiones dentro del horizonte de las orientaciones que emanan del principio ético-material ya definido.[12]

Los dos principios que se han señalado no transitan independiente uno del otro. Por el contrario, ambos están entrelazados y crean las condiciones de posibilidad ética del acto con pretensión de bondad. Es decir, quien pretenda hacer el bien, deberá cumplir esos dos principios. Aunado a ellos, Dussel expone un tercero que cumple la misma función con los dos primeros: es codeterminante y condición de posibilidad del acto con pretensión de bondad. Este principio es el de la *factibilidad ética*.

---

12   E. Dussel, *Ética de la liberación en la edad de la globalización y la exclusión*, *op. cit.*, p. 214. Dussel indica como sigue el criterio de validez a partir de este principio: «Es la pretensión de alcanzar la intersubjetividad actual acerca de enunciados veritativos, como acuerdos logrados racionalmente por una comunidad. Es el criterio procedimental o formal por excelencia». *Ibid.*, p. 206.

En su formulación y tematización se deja ver la recepción de la teoría crítica social de Franz Hinkelammert, entrañable amigo suyo. Si bien en la ética de los setenta encontramos ya referencias constantes a *Ideologías del desarrollo y dialéctica de la historia*[13] y en la lectura de Marx a *Crítica de la razón utópica*,[14] será en la ética amarilla donde Dussel retomará frontalmente el tema de la factibilidad planteado por Hinkelammert desde comienzos de la década de 1970.[15] Lo que le ofrece el planteamiento de la factibilidad a Dussel es pensar el nivel de la posibilidad real del acto y del empleo de los medios para lograr ciertos fines, lo cual a su vez está relacionado con el nivel estratégico de la acción.[16]

Siguiendo esta línea argumentativa, en el contexto de la *Ética* de 1998 este tercer principio moral se refiere a la elección de los medios eficaces, factibles y

13 F. Hinkelammert, *Ideologías del desarrollo y dialéctica de la historia*, Santiago de Chile, Paidós-Universidad Católica de Chile, 1970.

14 F. Hinkelammert, *Crítica de la razón utópica*, San José, DEI, 1984.

15 Franz Hinkelammert, filósofo social de origen alemán y latinoamericano por elección, ha tratado en su obra el tema de la factibilidad como un aspecto central de la acción política, un tema que pocos autores como Dussel han sabido recoger positivamente. Cf. J. Zúñiga, «Factibilidad de la acción, una de las enseñanzas de Franz J. Hinkelammert», en *Utopía y praxis latinoamericana* (Dossier: Utopía y Praxis en el humanismo crítico de Franz Hinkelammert), vol. 27, n.° 97, 2022.

16 Ya se ha indicado que Dussel tenía presente en su ética el nivel estratégico de la acción aunada a la ética, la cual dista de las versiones comunes que presentan la racionalidad medio-fin sin mediaciones normativas. Dussel refuerza este nivel de la acción en la *Ética* de 1998 con las aportaciones de Hinkelammert.

éticos que permitan la vida de cada sujeto reconocido como igual y libre. Este principio, relacionado con el nivel estratégico de la acción, se asocia ciertamente con la racionalidad instrumental. No obstante, sin negar esta, Dussel la dota de contenido moral y en articulación con los dos principios prácticos anteriores. Así, el enunciado del principio de factibilidad ética versa:

> El que opera o decide éticamente una norma, acción, institución o eticidad sistémica, *debe* cumplir a) con las condiciones de factibilidad lógica y empírica (técnica, económica, política, cultural, etc.), es decir que sea realmente posible en todos estos niveles, desde el marco de b) las exigencias: b1) ético-materiales de la verdad práctica, y b2) morales–formales discursivas de la validez, dentro de un rango que va desde b.i) las acciones *permitidas* éticamente (que son las meramente «posibles» que no contradicen los principios ético o moral, hasta b.i.e.) las acciones debidas (que son las éticamente «necesarias» para el cumplimiento de las exigencias humanas básicas materiales [y] formales.[17]

17 E. Dussel, *Ética de la liberación en la edad de la globalización y la exclusión, op. cit.*, p. 270. Dussel formula el criterio de aplicación de este principio como sigue: «El que proyecta efectuar o transformar una norma, acto, institución, sistema de eticidad, etc., no puede dejar de considerar las condiciones de posibilidad de su realización objetiva, materiales y formales, empíricas, técnicas, económicas, políticas, etc., de manera que el acto sea *posible* teniendo en cuenta las leyes de la naturaleza en general, y humanas en particular. Se trata de elegir las adecuadas o eficaces mediaciones para determinados fines». *Ibid.*, p. 266.

Con este tercer principio moral, Dussel termina de exponer lo que considera la parte positiva del sistema de eticidad formulada ahora desde los principios morales que posibilitan el acto con pretensión de bondad (en la totalidad). Sin embargo, lo que vendrá es la puesta en cuestión del orden moral, cuando este en lugar de producir lo bueno, crea la injusticia. Esto es la segunda parte de la *Ética* de 1998: la puesta en cuestión de la totalidad desde la exterioridad formulada ahora desde el criterio material negativo de las víctimas, los excluidos de la participación discursiva y el consenso, sujetos que buscarán estratégicamente la liberación del sistema que en sus fronteras aparece como bueno, pero que en realidad atenta contra la vida de los oprimidos y excluidos.

En esta segunda parte de la ética se formulan tres principios del acto ético con pretensión de justicia. Aquí será desde la víctima, quien sufre las consecuencias negativas (intencionales y no intencionales) del sistema vigente, situado ahora en el capitalismo neoliberal, desde donde se abrirá la praxis crítica y el proceso de la praxis de liberación. *La víctima del sistema* es quien sufre en su corporalidad los efectos negativos de la imposibilidad del cumplimiento de los tres primeros principios antes enunciados.

Llega el momento de cuestionar el orden desde el lugar de las víctimas, así como el proceso de de-construcción del orden establecido. Así, surgen la crítica desde el dolor y el sufrimiento de las víctimas (la mayoría de la población mundial en tiempos de la globalización neoliberal), el consenso crítico del consenso dado que genera la exclusión de las mayorías y la praxis de liberación hacia la construcción del nuevo orden o totalidad. Dussel señala: «La distancia entre lo "ya dado" y lo por darse (el "desarrollo"), pero impedido por lo "habitual", exige saber de-construir lo "ya dado" para dar paso a lo nuevo. Esta de-construcción es un proceso *negativo*, crítico».[18] El proceso de deconstrucción es también un proceso de concientización que deviene praxis de liberación.

La segunda parte de la *Ética* de 1998 es la parte crítica-negativa que será objeto de la filosofía de la liberación. La parte positiva es una propedéutica que muestra los elementos simples del sistema moral; sin embargo, la ética de la liberación quiere llegar a mostrar los elementos crítico-negativos de la totalidad y la praxis que permita construir lo nuevo, presentando la formulación de principios críticos precedidos de una fundamentación que justifica su sentido. Así, Dussel formulará tres principios crítico-negativos: el de la vida de los oprimidos y excluidos, el de validez consensual-crítico, como consenso antihegemónico del consenso vigente, y el principio de la praxis de liberación.[19]

18   *Ibid.*, p. 297, énfasis en el original.
19   Estos tres principios críticos son la formulación negativa de los principios mostrados en la parte positiva. No obstante, no pueden ser positivos porque los crítico-negativos son enunciados y cumplidos en los límites de la condición humana por los frentes de liberación, por el pueblo que se levanta frente al orden de dominación que ya no le permite vivir.

Dussel comienza a elaborar el primero de estos tres principios con una revisión de la crítica a la economía política de Marx, una revisión y discusión con la primera generación de la Escuela de Frankfurt (Adorno, Horkheimer, Marcuse, Benjamin), la voluntad de vivir de Schopenhauer y la voluntad del poder de Nietzsche, así como con Freud y Lévinas. Este último le exige a Dussel pensar desde la alteridad del sistema-mundo-capitalista-neoliberal, que es donde históricamente se sitúa la *Ética* de 1998. De esta forma, Dussel se va acercando a la formulación del principio material crítico-negativo enunciándolo así:

> Los que operan ético-críticamente han re-conocido la víctima como ser humano autónomo, como el *Otro como otro* que la norma, acto, institución, sistema de eticidad, etc., al que se les ha negado la posibilidad de vivir (en su totalidad o en alguno de sus momentos); de cuyo re-conocimiento simultáneamente se descubre una corresponsabilidad por el Otro como víctima, que *obliga* tomarla a cargo ante el sistema y, en primer lugar, criticar al sistema (o aspecto del sistema) que causa dicha victimación. El sujeto último de un tal principio, es, por su parte, la misma comunidad de las víctimas.[20]

20 E. Dussel, *Ética de la liberación en la edad de la globalización y la exclusión*, *op. cit.*, p. 376. Por su parte, el criterio desde el que guarda sentido este principio es que empíricamente es «imposible un sistema perfecto (aunque esta es la pretensión anarco-capitalista de Hayek con su modelo de competencia perfecta) o de la acción directa anarquista (que supone la existencia futura de "sujetos éticos perfectos"

Por otra parte, se formula el principio crítico-consensual (principio de validez-consensual-crítico antihegemónico) que responde frente a la validez positiva del sistema vigente. Si se quiere ver la crítica de Dussel a las aportaciones de la teoría práctica consensual en la línea de Apel y Habermas, es en el discurso previo a la formulación de este principio. La crítica a Apel se presenta a partir de la propia defensa apeliana por el consenso y el acuerdo intersubjetivo, visto ahora desde abajo, desde las víctimas que ante la imposibilidad de vivir en el sistema de eticidad dado se organizan en frentes de liberación y construyen el consenso del derecho a vivir y, para ello, la transformación del sistema de eticidad es necesario. Dussel dice: «Esta es una ética de la vida.[21] La consensualidad crítica de las víctimas promueve el desarrollo de la vida humana. Se trata, entonces, de un nuevo criterio de validez discursiva, la validez crítica de la razón

---

como gestores de la sociedad sin instituciones) […]. Para que hubiera tal sistema perfecto se necesitaría una inteligencia infinita a velocidad infinita para gestionarlo […]. Es decir, el "hecho" de que haya víctimas en todo sistema empírico es categórico, y por ello la crítica es igualmente inevitable». *Ibid.*, p. 369.

21   Por vida, Dussel entiende principalmente la vida humana, que «es un "modo de realidad"; es la vida concreta de cada ser humano desde donde se encara la realidad constituyéndola desde un horizonte ontológico (la vida humana es el punto de partida preontológico de la ontología) donde lo real se actualiza como verdad práctica». *Ibid.*, p. 618. El tema de la ecología, la vida de la naturaleza, se hará presente de forma más clara en los textos filosófico-políticos posteriores a esta *Ética* de 1998.

liberadora».[22] Así, se genera *otra* intersubjetividad, otra comunidad, en la cual el sujeto no queda borrado en ella, sino que es parte de ella. En esta perspectiva, Dussel formula el principio de la validez antihegemónica como sigue:

> El que obra *ético-críticamente debe* (está «obligado» deónticamente por responsabilidad) participar (siendo víctima o articulado como «intelectual orgánico» a ella) en una *comunidad de comunicación de víctimas,* que habiendo siendo excluidas se reconocen como sujetos éticos, como el Otro *como otro* que el sistema dominante, aceptando simétricamente siempre para fundamentar la validez crítica de los acuerdos de argumentación racional, motivados por una pulsión solidario-alterativa creadora. Toda crítica o proyecto alternativo debe ser entones consecuencia del consenso crítico discursivo de dicha comunidad simétrica de víctimas, alcanzando así validez intersubjetiva *crítica.*[23]

El tercer y último principio de la parte crítica-liberadora es el principio de liberación, que se formula para

22 *Ibid.*, p. 411.
23 *Ibid.*, p. 464. Dussel señala el criterio de aplicación correspondiente a este principio como sigue: «El criterio formal procedimental crítico es un criterio de validez de participación intersubjetiva de los excluidos de una nueva comunidad de comunicación de víctimas. Se trata de la validez de la criticidad ética como tal. Es el momento en que se efectúa el acuerdo crítico (consenso racional realizado empíricamente) acerca de un juicio de hecho o enunciado descriptivo (p. e.: "Hemos sido excluidos de la discusión acerca de los medios que evitarían que tengamos hambre")». *Ibid.*, p. 462.

orientar la estrategia de la praxis liberadora, desde la perspectiva de la factibilidad de la acción crítica, es decir, la de la política de-constructiva de los frentes de liberación. Es el más complejo de los principios, ya que orienta el proyecto de la construcción de lo nuevo. En él recae la *factibilidad* (posibilidad dada por las condiciones) de las transformaciones de las instituciones, normatividad, legalidad, sistemas de eticidad vigentes, etc., que no permiten la realización de la comunidad de vida. Este principio se articula con los otros dos principios y el cumplimiento de los tres principios crítico-negativos posibilita la liberación de y con las víctimas. «Son las víctimas —dice Dussel—, cuando irrumpen en la historia, las que crean lo nuevo».[24]

En este capítulo de la *Ética* de 1998 la discusión será con Marx y Rosa Luxemburgo, así como con las aportaciones de Franz Hinkelammert. Dussel indicará más adelante:

A la ética de la liberación le interesa estrictamente el momento en el que la legitimidad del orden dominante —en el sentido weberiano— se torna *ilegítimo*, y aquí ya no vale ni el tipo de dominación burocrática instrumental, tradicional valorativo o carismático excepcional [...]. [La] crítica que se origina desde el orden material de las víctimas deslegitima la validez formal y aparentemente democrática, y las acciones de dichos movimientos sociales, su praxis de liberación, nunca pueden ser consideradas

---

24   *Ibid.*, p. 495.

como violentas, sino que significan una coacción legítima aunque frecuentemente ilegal.[25]

Como se ve, la praxis de liberación es la acción deconstructiva del orden de dominación, dando paso a la construcción del nuevo orden. El principio de liberación se indica de la siguiente forma:

> El que opera ético-críticamente debe (está obligado a) liberar a la víctima, como participante […] de la misma comunidad a la que pertenecen las víctimas, por medio de a) *una transformación* factible de los momentos (de las normas, acciones, macroestructuras, instituciones o sistemas de eticidad) […] que causan la negatividad material (impiden algún aspecto de la reproducción de la vida) o discurso formal (alguna simetría o exclusión de la participación) de la víctima; y b) la construcción a través de mediaciones con factibilidad estratégico-instrumental críticas, de nuevas normas, acciones, microestructuras, instituciones o hasta sistemas completos de eticidad donde dichas víctimas puedan vivir, siendo participantes iguales y plenos. Se trataría […] de un desarrollo, de un «progreso cualitativo» histórico.[26]

---

25 *Ibid.*, pp. 546-547.
26 *Ibid.*, p. 559. El criterio correspondiente a este principio se enuncia así: «El criterio de factibilidad de alguna transformación posible consiste en la consideración de las capacidades o posibilidades empíricas, tecnológicas, económicas, políticas, etc., teniendo como referencia directa negación de la negatividad de la víctima, gracias al cálculo práctico que cumple la razón instrumental y estratégica crí-

Este es el sexto y último principio práctico que se encontrará en la *Ética* de 1998. La trascendencia de esta obra es fundamental en la trayectoria filosófica de Dussel tanto por el viraje metódico, aunque manteniendo los elementos fundamentales de la *Ética* de 1973, como por los aprendizajes en los importantes diálogos que sostuvo con Fornet-Betancourt, Hinkelammert y Apel, entre otros. Como se ha dicho, sigue siendo una ética ana-léctica, pero ahora de principios.

La *Ética* de 1998 tendrá un énfasis especial en la vida humana como criterio importante del acto ético, que Dussel recogerá principalmente de su lectura sobre Marx, en la que muestra que el trabajo vivo *(lebendige Arbeit)* está siempre más allá del capital y no puede tener valor, precisamente por tener dignidad infinita. Si bien en *Para una ética de la liberación latinoamericana* la *vida* se entendía junto al Otro, el pobre, el oprimido, aquellos que son ignorados por el sistema de dominación, es cierto también que la vida como el modo de realidad del ser humano, de la vida de la víctima estará más acentuada en esta *Ética* de 1998. Además de la lectura de Marx, este énfasis se entiende también por el permanente diálogo con la filosofía crítica de Hinkelammert, quien precisamente en el diálogo con

---

ticas. Es decir, el criterio para determinar la posibilidad de transformar el sistema formal que victimiza consiste en evaluar bien la capacidad estratégico-instrumental *de* la comunidad de las víctimas de llevar a cabo tal cometido *ante* el Poder vigente del sistema dominante». *Ibid.*, p. 554.

Apel plantea la crítica a la teoría consensual de la verdad y de la ética discursiva desde la vida humana.[27]

Frente a la primacía del lenguaje y aquella de la vida,[28] en el desarrollo de su ética Dussel optó por una articulación junto al momento de la factibilidad ofreciendo con ello una solución más compleja para entender los elementos del acto ético y del juicio sobre el empleo de las mediaciones sociales, como la tecnología o las instituciones.

Los cambios y el acento que se notan en la *Ética* de 1998, Dussel los realizará pensando en una reformulación de su política de la liberación, pues a través del diálogo con la teoría consensual se da cuenta de que el acuerdo intersubjetivo entre los miembros de la comunidad de vida puede aportar una base importante para la comprensión y explicación de los procesos de liberación ya en el campo de la política. En ese sentido, replantea su ética de la liberación con miras a un replanteamiento de la política de la liberación.

---

27   Cf. F. Hinkelammert, «La ética del discurso y la ética de la responsabilidad: una posición crítica», en *Cultura de la esperanza y sociedad sin exclusión*, San José, DEI, 1995, pp. 255-272; «La teoría del valor de Marx y la filosofía de la liberación: algunos problemas de la ética del discurso y la crítica de Apel al marxismo», en *El mapa del emperador. Determinismo, caos, sujeto*, San José, DEI, 1996, pp. 189-233.
28   Este choque de primacías se hizo evidente en los primeros intercambios entre la ética del discurso (lenguaje) y la ética de la liberación (el Otro, la vida), sin embargo, Dussel fue cambiando su posición terminando por la articulación de principios. Si bien la ética del discurso contaba con un principio, como diría Dussel, la ética de la liberación presenta, justificadamente, tres positivos y tres negativos.

Por último, la siguiente cita resume por qué en el título de la *Ética* de 1998 se alude a la globalización (neoliberal):

> En la actualidad, por ejemplo, el proyecto económico neoliberal, inspirado principalmente en F. Hayek [...] produce víctimas en todos los países pobres poscoloniales. Los movimientos sociales emprendidos contra estas políticas, como las huelgas obreras del Cono Sur latinoamericano, bajo la conducción de la Confederación General del Trabajo (CGT) argentina, o el Partido de los Trabajadores (PT) brasileño, son acciones concertadas por sujetos histórico-sociales que se lanzan a la calle para luchar por el reconocimiento de la dignidad de sus vidas puestas en peligro.[29]

El proyecto económico neoliberal se entiende mejor como la globalización neoliberal que con sus políticas de privatización y violencia comenzó a producir, como sistema-mundo-capitalista-neoliberal, víctimas a escala mundial. Teniendo como referencia el levantamiento del EZLN, primer movimiento popular y de los pueblos originarios que se alzan contra el neoliberalismo, y también contra el colonialismo, el 1 de enero de 1994 en México, y que despertará movimientos antineoliberales en América Latina que se sumarán a la lucha, Dussel plantea un discurso ético filosófico contra el modelo neoliberal que nos aqueja.

---

29   E. Dussel, *Ética de la liberación en la edad de la globalización y la exclusión*, op. cit., p. 547.

POLÍTICA DE LA LIBERACIÓN.
EL PASO DESPUÉS DE LA *ÉTICA* DE 1998
QUE SE CONVIRTIÓ EN RETO

Después de desarrollar los seis principios en *Ética de la liberación en la edad de la globalización y la exclusión*, Dussel se dedicará a mostrar cómo son incorporados en el campo político. Este momento se verá materializado en *Política de la liberación* proyectada en tres tomos.[1] Como se ha mostrado, Dussel ya había redactado una filosofía política crítica del orden mundial colonial, publicada en 1979. Después de la *Ética* de 1998, la política de la liberación debería replantearse y actualizarse con el método que abría Dussel en ella.

Los esfuerzos se encaminarán a publicar una filosofía política actualizada desde el diálogo con filósofos políticos clásicos y contemporáneos. Si Dussel aceptó positiva y críticamente las aportaciones de la ética discursiva, así como aquellas de Franz Hinkelammert,[2]

1 E. Dussel, *Política de la liberación. Historia mundial y crítica, op. cit.*; *Política de la liberación, t. II. Arquitectónica*, Madrid, Trotta, 2009; *Política de la liberación, t. III. Crítica creadora, op. cit.*
2 Uno de los argumentos de Hinkelammert que le interesará a Dussel es el de la inevitabilidad de las instituciones para la organización compleja de la sociedad expuesto en su discusión con el pensa-

fue porque tenía en mente un replanteamiento de la ética basado en la formulación de principios prácticos que orientaran la acción política. De esto surgirá para Dussel la necesidad de defender una política de principios frente al descrédito contemporáneo del oficio de la política.

Los principios políticos que encontraremos en los tomos II («Arquitectónica») y III («Deconstrucción y construcción del orden político dado») están fundados en los principios éticos formulados en la *Ética* de 1998. Para Dussel, los principios éticos se incluyen como principios normativos en los campos prácticos. Así, en el campo político los principios éticos se integran (son incorporados en la actividad política) como principios políticos normativos. Con esto, se busca dotar de contenido ético a la política frente a las justificaciones teóricas y prácticas que defienden una *Realpolitik* de la racionalidad política instrumental (medio-fin) ausente de cualquier responsabilidad ética, influenciada, en gran medida, por recursos discursivos weberianos,[3] así como frente a la política neoliberal que reduce, por una parte, la acción de gobierno a la tecnocracia y, por otra, ante los amplios vacíos que deja su política estrecha para las sociedades complejas que decanta en una

---

miento conservador y el anarquista. Cf. F. Hinkelammert, *Crítica de la razón utópica, op. cit.*

3   Cf. J. Zúñiga, «El anonimato de la ética. El fundamento de la necrocrematística neoliberal», en F. Hinkelammert *et al.*, *Por una condonación de la deuda pública externa de América Latina*, Buenos Aires, CLACSO, 2021, p. 95-124.

máquina de corrupción, principalmente del sistema democrático de representación. Si bien encontraremos muchos temas y problemáticas (teóricas, históricas y de coyuntura) alternas, la fundamentación de una política de principios será el interés expreso de la política de la liberación de Dussel en su segunda formulación.

En 2007 se publica el primero de los tres tomos proyectados[4] de la segunda política de la liberación, que en conjunto tendrá la tarea de exponer el despliegue conceptual, categorial e histórico de una filosofía política crítica contemporánea. Previo a esta publicación, Dussel escribe tres textos que iban mostrando el camino hacia la redacción de los tres tomos: *Hacia una filosofía política crítica*,[5] *20 tesis de política*[6] y *Materiales para una política de la liberación*.[7]

De estos tres textos, el que presenta las líneas relevantes que serán expuestas y elaboradas *in extenso* en los tres tomos referidos es *20 tesis de política*.[8] Obra concisa escrita para la militancia de izquierda en México y resultado de un curso de formación política que Dussel ofreció a militantes del Partido de la Revolu-

---

4   Cf. E. Dussel, *Política de la liberación. Historia mundial y crítica*, *op. cit.*

5   *Id.*, *Hacia una filosofía política crítica*, *op. cit.*

6   *Id.*, *20 Tesis de política*, México, CREFAL-Siglo XXI, 2006.

7   *Id.*, *Materiales para una política de la liberación*, México, Universidad Autónoma de Nuevo León-Plaza y Valdés, 2007.

8   En lo sucesivo se tomará *20 tesis de política* como puerta de entrada para la explicación de la segunda política de Dussel.

ción Democrática (PRD),[9] que presenta por primera vez, ocho años después de la publicación de la *Ética* de 1998, las aportaciones conceptuales que, en lo sucesivo, guiarán sus investigaciones.

Uno de los primeros conceptos presentes en esta obra es el «fetichismo del poder». Dussel formula este concepto para contrarrestar la concepción de una política de dominación en la que la figura del representante popular o del político profesional se arroga el pleno derecho de decidir conforme a sus intereses y no a los de sus representados, aún más, se atribuye la autoridad de ejercer una relación vertical y de dominación con ellos. En esta última posición, Dussel está pensando en una justificación de dominación política en la forma que lo defiende Max Weber. Veamos un ejemplo. Weber dice: «Debe entenderse por dominación *(Herrschaft)* [...] la probabilidad de encontrar obediencia dentro de un grupo determinado para mandatos específicos [...]. Un determinado mínimo de voluntad de obediencia, o sea de interés (externo o interno) en obedecer, es esencial en toda relación auténtica de autoridad».[10] Este concepto de la política

---

9   Para entonces, Dussel ya contaba con la ciudadanía mexicana, lo cual le permitía involucrarse directamente en los asuntos públicos de la vida nacional de acuerdo a la Constitución mexicana.

10   M. Weber, *Economía y sociedad*, I, I, §16, citado en E. Dussel, *20 tesis de política, op. cit.*, p. 50. Esta concepción de Weber se corresponde con las caracterizaciones del político profesional que expone en «La política como profesión». Cf. M. Weber, *El político y el científico*, Barcelona, Altaya, 1995.

como obediencia y dominación, que aquí se ejemplifica con Weber, es lo que Dussel identifica como la «concepción moderna del poder».[11]

Frente a esta concepción tan usualmente empleada en las ciencias sociales (y en la filosofía política), sin crítica alguna, y que ha pasado al discurso común de la *Realpolitik*, Dussel esgrime que lo que expresa ese concepto no es otra cosa que una concepción fetichizada del poder que invierte las relaciones de poder, pues, en primera instancia, «el poder es voluntad consensual de la comunidad o el pueblo, que exige obediencia de la autoridad».[12] Para señalar que la idea de Weber es una concepción fetichizada o corrompida de la política, Dussel parte de una concepción originaria del poder la cual se encuentra no en el nivel de las instituciones y el entramado de representación institucional (la *potestas*, la llamará él) sino en el nivel del consenso del pueblo (la *potentia*). Es decir, la potencia del sistema del poder político viene de abajo, del pueblo y su consenso en el cual se ha dado para sí un sistema de representación para que las decisiones

11   Cf. E. Dussel, *Política de la liberación, t. II. Arquitectónica, op. cit.*, pp. 21 y ss. Aquí dirá él: «El *ego dominans* pasa a ser la definición del que "puede" hacer lo que le plazca ya que no tiene límite en otra voluntad que le ofrezca tanta resistencia como para tener que acordar un pacto con simetría. Las metrópolis europeas organizan un mundo colonial asimétrico, donde la relación político-metropolitana se concretaba como una relación social de dominio. La dominación del sujeto *poderoso* ante el *impotente* era interpretada como la definición misma del poder político». *Ibid.*, p. 22.
12   E. Dussel, *20 tesis de política, op. cit.*, p. 50.

públicas puedan ser ejercidas de forma eficaz. Esto no significa que el poder se mantenga y perdure en ese sistema, sino el pueblo es siempre *la sede del poder*, dirá Dussel. De esta forma, la fetichización en la política[13] es el ocultamiento del origen del poder delegado (el consenso de la comunidad política) y que puede ser bien resumido en la frase «el que manda manda mandando».[14]

Este será el punto de partida del autor para elaborar otro concepto de poder y abonar, sobre todo, en otra concepción del poder mismo. Aquí la referencia inmediata de esta concepción defendida por Dussel son los discursos del EZLN de México, que tendrán eco en el primer presidente aymara de Bolivia, Evo Morales.[15] Con estos antecedentes, Dussel antepondrá a la concepción fetichizada del *poder obediencial*, ante el cual *el primer obediente es el político y el representante*.

13 El fetichismo es un tema constante desde el joven Dussel, de la ética de la década de 1970, hasta el filósofo maduro. Cf. E. Dussel, *Filosofía ética latinoamericana, t. V, op. cit.*, apéndices; *Las metáforas teológicas de Marx, op. cit.*

14 En el tomo III de la segunda *Política de la liberación* Dussel dedicará una amplia elaboración del tema. Cf. E. Dussel (ed.), *Política de la liberación, t. III. Crítica creadora, op. cit.*, § 30.

15 Dussel retomará las expresiones «mandar mandando» y «mandar obedeciendo» de la Segunda Declaración de la Selva Lacandona del EZLN de México, concepción que tendrá eco en Evo Morales y recientemente en Andrés Manuel López Obrador, primer presidente de izquierda en México, quien recurre constantemente en sus discursos a la segunda —mandar obedeciendo—, como el pronunciado el 1 de diciembre de 2021 con motivo de los tres primeros años de su gobierno.

Con esta concepción, Dussel *invierte* las relaciones que Weber había invertido en su discurso fetichizado sobre el ejercicio del poder. El poder obediencial se resume ahora en la consigna «el que manda manda obedeciendo», expresada en la Segunda Declaración de la Selva Lacandona del EZLN.[16] ¿Obedeciendo qué? Los intereses del pueblo a quien hay que consultar permanentemente.[17] «El *poder obediencial* —dice Dussel— sería así el ejercicio delegado del poder de toda autoridad que cumple con la pretensión política de justicia».[18]

Un segundo tema relevante en esta segunda política de la liberación, y que estaba ausente en la primera, es el de las instituciones. En esta segunda política de la liberación se lee: «Las instituciones son [mediacio-

16   En esta declaración de junio de 1994 se puede leer: «Llamen a todos a resistir, que nadie reciba nada de los que mandan mandando […] que se imponga el buen camino de que el que mande, mande obedeciendo».

17   En el tomo II de la segunda *Política de la liberación* dirá Dussel: «Cuando el EZLN, los zapatistas, expresan que no es lo mismo que: a) "los que mandan mandan mandando" (que en nuestra terminología será expresión de la *potestas negativa* o el poder institucionalizado que, siendo delegación del ejercicio que viene de la comunidad política, se fetichiza independizándose y pretendiendo soberanía por sí misma) a que b) "los que mandan mandan obedeciendo" (que significa que la *potestas* se funda en la *potentia*, nos dan claras indicaciones para saber pensar la esencia del poder político, contra el modelo moderno del poder como dominación)». E. Dussel, *Política de la liberación, t. II. Arquitectónica, op. cit.*, p. 24, énfasis en el original.

18   E. Dussel, *20 tesis de política, op. cit.*, p. 37.

nes] necesarias aunque nunca perfectas: son entrópicas y por ello siempre llega el momento en que deben ser transformadas, cambiadas o aniquiladas».[19] Si bien se ha enfatizado, porque así lo exige nuestra exposición, que la crítica se hace a una totalidad de dominación, el orden dado, ahora se indica con toda claridad que esta totalidad es institucional y que las instituciones como mediaciones necesarias para la organización política de la sociedad sufren por un proceso de corrupción, lo cual hace necesario un proceso de su eliminación simultáneo al proceso de su transformación. Es decir, no se está por una simple eliminación de la institución, cuando estas hayan dejado de responder a la comunidad política, sino por su transformación.

Profundizando en una teoría de las instituciones, Dussel distinguirá tres esferas de la institucionalidad política: a) la esfera de contenido, que tiene como fin la producción, reproducción y desarrollo de la vida de la comunidad política; b) la esfera institucional, que garantiza la legitimidad de todas las acciones y decisiones políticas, y; c) la esfera de la factibilidad técnica, en la que las instituciones permiten ejecutar los contenidos en los marcos de legitimidad.[20] Sin embargo, cuando estos niveles dejan de funcionar, cuando la situación no se hace factible para la vida de quienes sufren los efectos negativos de las malas y corruptas decisiones de

19 *Ibid.*, p. 57.
20 *Ibid.*, p. 58. Véase el tema *in extenso* en E. Dussel, *Política de la liberación, t. II. Arquitectónica, op. cit.*, cap. 2.

las *potestas*, es necesario transformarlas: «La transformación es creación institucional y no simple "toma del poder";[21] el poder no se toma sino que se ejerce delegadamente, y si se quiere ejercer delegadamente de manera obediencial es necesario transformar muchos momentos institucionales (transformaciones parciales, no reformas, o todo el sistema)».[22] Desde esta perspectiva, la diferencia entre acción reformista y transformación radica en que la primera

> aparenta cambiar algo, pero fundamentalmente la institución y el sistema permanecen idénticos a sí mismos. La totalidad del sistema institucional recibe una mejoría accidental sin responder a las nuevas reivindicaciones populares […] [la segunda] se efectúa, aunque sea parcial, teniendo como horizonte una nueva manera de ejercer delegadamente el poder (*potestas*).[23]

Por otra parte, Dussel explicitará seis principios normativos de la política siguiendo el orden de su *Ética de la liberación*: tres positivos, del orden político, y tres crítico-negativos, que orientan el proceso político de liberación y la construcción de la nueva totalidad. Los tres principios normativos *positivos* de la política son: el principio democrático (igualdad), el principio ma-

---

21 Aquí el autor hace clara alusión a John Holloway. Cf. J. Holloway, *Cambiar el mundo sin tomar el poder*, Vilassar de Dalt, El Viejo Topo, 2002.

22 E. Dussel, *20 tesis de política*, *op. cit.*, p. 125.

23 *Ibid.*, pp. 128 y s.

terial de la política (fraternidad) y el principio de factibilidad estratégico-político (libertad). Estos tres principios, de acuerdo con Dussel, orientan la construcción de todo edificio de un orden político. Evidentemente, hay muchos temas que están subordinados o que corren en paralelo a ellos, que son retomados en su interpretación, tales como los de bloque histórico en el poder (Gramsci), acción estratégica (Weber y Arendt), voluntad de poder (Nietzsche), hegemonía (Laclau), sociedad civil, sociedad política, Estado, Estado de derecho, soberanía, entre otros.

Ahora bien, en esta segunda política de la liberación los principios positivos se formulan como sigue. El principio democrático que subsume (incorpora) el principio moral del consenso mediante la participación simétrica de los afectados en una comunidad de argumentantes es un enunciado formal que se limita a indicar el procedimiento de la participación simétrica entre los miembros de la comunidad política.

> El «estado de democracia» —dice Dussel— indica [...] una cultura de legitimidad, de reconocimiento del Otro, aun del antagonista, desde el horizonte de la igualdad y la fraternidad fundamental. El Poder consensual de la comunidad, como *potentia*, se fortalece *intrínsecamente* en la continua *aplicación* del [principio democrático].[24]

---

24 E. Dussel, *Política de la liberación, t. II. Arquitectónica, op. cit.*, p. 422, énfasis en el original.

El principio democrático se expone de la siguiente forma:

> Operemos siempre de tal manera que toda norma o máxima de toda acción, de toda organización o de las estructuras de una institución [micro o macro], en el nivel material o en el sistema formal del derecho (como el dictado de una ley) o en su aplicación judicial, es decir, del ejercicio del poder comunicativo, sea fruto de un proceso de acuerdo por consenso en el que puedan de la manera más plena participar los afectados (de los que se tenga conciencia); dicho entendimiento debe llevarse a cabo a *partir de razones* (sin violencia) con *el mayor grado de simetría* posible, de manera pública y según la institucionalidad acordada de antemano. La decisión así elegida se impone como un deber político, que normativamente o con exigencia práctica (que subsume como político al principio moral formal) *obliga legítimamente al ciudadano.*[25]

Este principio formal, enunciado primero que el material y el de factibilidad, se articula con estos dos. En Dussel, aunque se ponga el acento en varias ocasiones en uno de los principios formulados, en realidad en él hay la intencionalidad de articularlos como orientaciones y límites de la acción con pretensión de justicia. De esta forma, el principio material de la política, en su formulación simple, puede

---

25   *Ibid.*, p. 405.

enunciarse de manera inicial, y con la máxima simplicidad, como el *deber del querer vivir* de cada uno de los miembros de la comunidad política como totalidad […]. Es la fuerza normativa que reimpulsaría […] a la misma tendencia a la permanencia en la vida por parte de la comunidad.[26]

Reformulado el principio positivo: «¡Debemos producir, reproducir y desarrollar la vida de todos los miembros de la comunidad política!».[27]

Dussel propone que a través de la política se puedan restablecer las condiciones materiales que el sistema de dominación actual, el sistema-mundo-moderno-capitalista-neoliberal, ha socavado mediante su lógica de exclusión de la mayoría de la población mundial y que ante su incesante búsqueda de acumulación de capital produce una inédita devastación y destrucción de la naturaleza.

Una política de la vida, como la que propone Dussel, debe entenderse desde el contexto actual. Aún más, debe insistirse en que el principio material se articula con el principio democrático y el de factibilidad. Esto es importante en un contexto en el cual los sistemas democráticos representativos han dejado de trabajar para la mayoría de la población y lo han hecho muy bien para las empresas transnacionales y financieras con alto poder de rentabilidad. En este sentido, se

26   *Ibid.*, p. 438.
27   *Ibid.*

debe dotar a la democracia actual de un contenido material (la vida de la comunidad política y de la naturaleza) con la cual pueda reorientar su sentido. Por lo anterior, el principio material de la vida en su formulación extensa se enuncia como sigue:

> Debemos operar siempre para que toda norma o máxima de toda acción, de toda organización o institución (micro o macro), de todo ejercicio del poder consensual, tengan siempre por propósito la *producción, mantenimiento y aumento de las dimensiones propias de la vida inmediata* de los ciudadanos de la comunidad política, en último término de toda la humanidad, siendo responsable también de esos en el mediano y largo plazo (los próximos milenos). De esta manera, la acción política y las instituciones podrán tener pretensión política de verdad práctica no solo de rectitud, en la sub-esfera ecológica (de mantenimiento y acrecentamiento de la vida en general del planeta, en especial con respecto a las generaciones futuras), en la sub-esfera económica (de permanencia y desarrollo de la producción, distribución e intercambio de bienes materiales) y en la sub-esfera cultural (de conservación de la identidad y crecimiento de los contenidos lingüísticos, valorativos, estéticos, religiosos, teóricos y prácticos de las tradiciones correspondientes).

La satisfacción de las necesidades de la corporalidad viviente de los ciudadanos (ecológicas, económicas y culturales) probarán como hecho empírico el logro de la pretensión política de justicia. Es un principio con pretensión universal, cuyo límite es el planeta Tierra y la humanidad en conjunto, en el presente y hasta en el lejano porvenir.[28]

El principio de factibilidad se relaciona con el nivel estratégico de la política. Exige encontrar los mejores medios (consensuados) para el desarrollo de la vida de la comunidad. Con este principio, y el discurso filosófico que lo precede, se puede ver que Dussel no niega el nivel estratégico de la política, un nivel muy discutido y criticado por quienes ven la política como un asunto ligado solo a lo «ético» sin consideración alguna de los medios disponibles y factibles que hacen posible tal acto. Dussel expone así la problemática de la factibilidad:

> En el manejo de la escasez con eficacia se sitúa el problema de la gobernabilidad del complejo sistema político. En último término, se trata de la producción y reproducción de la vida de los miembros de la comunidad política de manera legítima, *eficazmente llevada a cabo en* [el] *plano empírico de recursos escasos*. El tema podría expresarse así: no se debe hacer lo que no se puede (sería la ilusión moralista); no se puede hacer lo que no se debe (sería la posición normativa); lo que se debe hay que hacerlo eficazmente (el realismo crítico-normativo que propugnamos).[29]

---

28   *Ibid.*, p. 462, énfasis en el original.
29   E. Dussel, *Política de la liberación, t. II. Arquitectónica, op. cit.*, p. 470, énfasis en el original.

Es decir, frente a las dos posiciones brevemente expuestas, la política de la liberación propugna por encontrar los medios necesarios que puedan *producir y
generar las condiciones* para que suceda. Se trata, en otras
palabras, de hacer ejercer la acción política con todos
sus recursos disponibles: construcción de consenso,
hegemonía, acción estratégica, voluntad de poder, reconocimiento de un marco institucional dado y por
transformar, poder obediencial, producción y reproducción de la vida de los miembros de la comunidad
política, etc., herramientas de la política articuladas por
los tres principios normativos de la política. De esta
forma se encontrará paulatinamente una política de la
factibilidad que pueda hacer posible lo que se debe en
política. De ahí surge el principio normativo de factibilidad, que «por ser el más complejo subsume a los
dos anteriores [codeterminándose] entre sí en última
instancia».[30] Además «enmarca *negativamente* el campo
político: traza una línea entre lo posible/imposible. El
campo político es, por último y estrictamente, el espacio de la acción política *posible*, tanto del ciudadano
como del representante».[31] El enunciado que expresa
este principio se formula de la siguiente forma:

Debemos operar estratégicamente teniendo en cuenta
que las acciones y las instituciones políticas deben siempre

30 *Ibid.*
31 *Ibid.* Como se había dicho, Dussel retoma la discusión de la
factibilidad de las aportaciones de Franz Hinkelammert, dándole una
elaboración argumentativa propia.

ser consideradas como posibilidades factibles, estratégicas, más allá de la mera posibilidad conservadora y más acá de la posibilidad-imposible del anarquista extremo (de derecha o izquierda). Es decir, los medios y los fines exitosos de la acción y de las instituciones deben lograrse dentro de los estrictos marcos: a) cuyos contenidos están delimitados y motivados desde dentro por el principio material político (la vida inmediata de la comunidad), y b) cuya legitimidad haya quedado determinada por el principio de democracia. Lo mismo vale para los medios, las tácticas, las estrategias para cumplir los fines dentro del proyecto político concreto que se intenta. La «pretensión de factibilidad política» de la acción estratégica, entonces, debe cumplir con las condiciones normativas materiales y formales en cada uno de sus pasos [...], pero además con las exigencias propias de la eficacia política, en el manejo de la escasez y la gobernabilidad, para permitir a la factibilidad normativa el poder dar existencia a un orden político que, en el largo plazo, alcance permanencia y estabilidad, debiendo no solo atender al efectuar su acción a los efectos positivos (causa de felicidad, mérito y honra), sino especialmente debiendo responsabilizarse de los efectos negativos (causa de crítica o castigo), en cuyo caso no dejará de corregirlos, para que los efectos negativos, aunque sean indirectos o no-intencionales, no produzcan hechos definitivamente irreversibles. Deberá considerarse para ello, en primer lugar, a) la eficacia ante la escasez de recursos (cuantitativamente finitos ante una comunidad con necesidades siempre creciente) en cuanto a la decisión y uso de los medios, y, en segundo lugar, b) la gobernabilidad (desde la complejidad de las instituciones), partiendo de la incertidumbre contingente de lo indecidible de las acciones y las instituciones.[32]

Ahora se ve la complejidad del principio. Esta se presenta porque la praxis será siempre infinita a todo orden y es a través de ella cómo las ideas se objetivan en el mundo real, desde un mundo dado —here*dado* si quiere—, que es ya institucional con sus costumbres, normas, leyes y prácticas sociales. En ella se cristaliza la complejidad del crear, recrear, renovar, transformar y construir las instituciones cuando estas dejan de funcionar para la comunidad política de vida. Es en la acción política donde se ven diferentes problemáticas que una posición moralista o una normativa, como las que señalaba Dussel, colocan a debate. Por eso, de lo que se trata para esta política de la liberación visto desde el realismo crítico-normativo por el que propugna Dussel, es de articular deber y poder en una dialéctica histórica.

Por otra parte, hemos expuesto hasta ahora los principios normativos (positivos) de la política, aquellos que forman parte de la ontología política, del orden político. Sin embargo, Dussel propone una segunda parte de la política, la cual es propiamente el objeto de la política de la liberación. Este sería el tema a desarrollar en el tomo III de la *Política de la liberación*. Dussel explica el argumento que da pie a la justifica-

---

32 E. Dussel, *Política de la liberación, t. II. Arquitectónica, op. cit.*, p. 480.

ción del proceso de liberación del orden político da-
doen sus *20 tesis de política*:

> Todo orden político, aún el mejor empíricamente hablan-
> do, no es perfecto [...]. Los que sufren los efectos negativos
> son las víctimas. Víctimas políticas en nuestro caso. Vícti-
> mas, porque no pueden vivir en el grado relativo a la evo-
> lución histórica de la humanidad; víctimas que de alguna
> manera se encuentran en asimetría en la participación, o
> simplemente han sido excluidas de la misma. En fin, el
> orden político manifiesta por sus víctimas su ineficacia, por
> el simple hecho de existir dichas víctimas —en cuanto no
> puede distribuir a todos los beneficios del orden vigente—
> [...]. Desde las víctimas, cuando el sufrimiento se hace
> inaceptable, intolerable, surgen movimientos sociales con-
> testatarios en el campo político empírico. Surgen igual-
> mente teorías críticas orgánicamente articuladas a dichos
> movimientos.[33]

Este argumento abre así la justificación del proceso de
liberación. Los principios correspondientes al momento crítico-negativo de la política se enuncian ya
en las *20 tesis*; sin embargo, será en el tomo III cuando
ellos se expondrán de manera más acabada,[34] transcu-
rridos quince años.

---

33   *Id., 20 tesis de política, op. cit.,* p. 83.
34   Volveremos más adelante sobre el tomo III de la *Política de la
liberación,* publicado en 2022. Cf. E. Dussel (ed.), *Política de la liberación.
Vol III. Crítica creadora, op. cit.*

EL RODEO HACIA EL TERCER TOMO
DE *POLÍTICA DE LA LIBERACIÓN*

Después de escribir su *Ética de la liberación* de 1998, Dussel emprendió con decisión la tarea de estudiar la política para presentar una versión actualizada desde su propio marco teórico de la filosofía política. El proyecto iba firme: en 2001, *Hacia una filosofía política crítica*; en 2006, *20 tesis de política*; en 2007, *Materiales para una política de la liberación* y *Política de la liberación. Historia mundial y crítica*; en 2009, *Política de la liberación. Arquitectónica*. ¿Y el tomo III de la *Política de la liberación*? ¿Publicado recién en 2022? El proyecto del tomo III de la política de la liberación se detuvo, se estancó más de diez años: tuvo que llegar un diálogo en el XXIII Congreso Mundial de Filosofía en Atenas, Grecia (agosto del 2013) para que el tercer tomo de la *Política de la liberación* se destrabara.

Mientras tanto, de 2009 a 2013, Dussel se ocupó de otros temas, tratando de ver por dónde podría llegar el impulso para el tomo III de su *Política de la liberación*, y llevando a cabo otros proyectos que tenía en el tintero y que encontraba necesario emprender desde una posición filosófica madura. Entre los primeros trabajos encontramos textos que, aunque abordan cuestiones que habían sido tematizadas en líneas generales, o que abordan un aspecto en particular de la filosofía de la liberación de Dussel, su relevancia es indiscutible, ya que intentan aportar aspectos desde una posición contemporánea de la historia y la política.

De esta forma nos encontramos, en primer lugar, la publicación en 2012 de *Carta a los indignados*[1] y *Pablo de Tarso en la filosofía política actual y otros ensayos;*[2] en 2013, *Der Gegendiskurs der Moderne. Kölner Vorlesungen;*[3]

[1] E. Dussel, *Carta a los indignados*, México, La Jornada Ediciones, 2012. Este texto reúne muchos de los artículos de opinión que el autor ha publicado en el periódico mexicano *La Jornada* y que atienden a una posición sobre coyunturas específicas de la política mexicana, latinoamericana e internacional. Estos textos se acompañan de dos cartas dirigidas al Movimiento 15-M de España, y hablando también de los inicios del movimiento en Atenas en 2011 (en la plaza Sintagma) y del movimiento de estudiantes en Chile del 2011, cuya cara visible fue Camila Vallejo, así como de un largo ensayo titulado «Democracia participativa, disolución del Estado y liderazgo democrático».

[2] E. Dussel, *Pablo de Tarso en la filosofía política actual y otros ensayos*, México, Ediciones Paulinas, 2012. Dussel hace en este texto una interpretación filosófica de Pablo de Tarso acompañada de discusiones con Alain Badiou, Slavoj Žižek, Walter Benjamin, Jacob Taubes, Giorgio Agamben y Franz Hinkelammert, autores que se han interesado por una interpretación política y filosófica sobre Pablo de Tarso.

[3] *Id.*, *Der Gegendiskurs der Moderne*, Viena, Turia + Kant, 2013. De este libro sobresale el ensayo «Meditaciones anticartesianas: sobre el origen del anti-discurso filosófico de la Modernidad», que será incluido en castellano en *En búsqueda del sentido*, en el cual se ubica al filósofo Antonio Rubio (1548-1615) en el foco de la historia de la filosofía contra la historia tradicional de que Descartes fue el primer filósofo moderno. Dussel escribe aquí sobre un capítulo absolutamente desconocido para la historia tradicional de la filosofía.

en 2016, *Filosofías del Sur. Descolonización y transmodernidad*.[4]

Otro de los proyectos significativos que Dussel emprendió en este periodo fue *16 tesis de economía política*,[5] en 2014. Este libro debe interpretarse, por una parte, como una continuación de los cuatro tomos sobre la crítica a la economía política de Marx y, por otra, como un texto maduro en el cual se recogen las discusiones que Dussel mantuvo por más de veinte años en relación con interpretaciones sobre la teoría marxiana, pero desde el contexto de la hegemonía global del neoliberalismo. Producto de esto, y teniendo en frente la economía neoclásica que se muestra como una ciencia exenta de valores, *16 tesis de economía* intenta ir contra tal ideología económica mostrando que el campo económico presupone también una normatividad y una ética, como la presupone todo campo·práctico. Así, esta obra se consolida como un aporte importante desde la filosofía de la liberación de Dussel en aras de desterrar teóricamente la economía neoclásica, transitando en paralelo por el camino abierto por la teoría de la dependencia y en la dirección que sigue Franz Hinkelammert.

---

4 *Id.*, *Filosofías del Sur. Descolonización y transmodernidad*, México, Akal, 2016. Este volumen reúne varios ensayos de Dussel y con el tiempo ha sido uno de sus libros más populares. El título se debe en cierta medida al título del libro de Boaventura de Sousa Santos, *Una epistemología del Sur: la reinvención del conocimiento y la emancipación social*, México, Siglo XXI-CLACSO, 2009.

5 *Id.*, *16 tesis de economía política, op. cit.*

14 TESIS DE ÉTICA.
REENCAUZANDO EL TOMO III
DE LA POLÍTICA DE LA LIBERACIÓN

Después de dos elaboraciones teóricas de su *Ética de la liberación*, en 1973 y en 1998, Dussel publica en 2016 *14 tesis de ética*.[1] La pregunta que puede surgir es por qué después de casi veinte años vuelve a la ética. Cuando vio los alcances del diálogo sostenido con la ética del discurso y la pragmática de Apel, así como la necesidad de integrar sistemáticamente los aportes de su amigo Hinkelammert y de Marx, trabajó en un replanteamiento de la ética con miras a reformular su política de la liberación. Esto indica que, cuando reformula su filosofía práctica, recurre primero a replantear su filosofía ética de la liberación, pues, como señala en las *14 tesis*, «la ética es la *teoría general de todos los campos prácticos*, no teniendo como propio ningún campo práctico como tal».[2] Es, dirá más adelante, «la teoría del momento práctico o normativo de todos los *campos prácticos*».[3] Aunque defina por primera vez la ética

---

1 E. Dussel, *14 tesis de ética, op. cit.*
2 *Ibid.*, p. 19.
3 *Ibid.*, p. 20.

filosófica en estos términos, si se hace una revisión de su filosofía práctica, queda claro que siempre ha buscado en la ética los fundamentos que dotan de racionalidad a los campos prácticos del mundo cotidiano, como la política y la economía. En otras palabras, de la problematización y formulación de la ética, Dussel desprende continuamente la formulación de una filosofía política, una filosofía económica, etc. Es la línea de reflexión que ha mantenido desde su *Ética* de 1973.

Tal metodología de trabajo y reflexión se puede ver en la «ética amarilla» de 1998, que escribe en el marco del debate con la ética del discurso, especialmente con Apel, quien junto con Habermas fundamentó y formuló el programa de la ética discursiva.[4] Este diálogo fue tan fructífero para Dussel que vio la necesidad de fundamentar de nuevo su filosofía de la ética incluyendo la formulación de principios prácticos deónticos (positivos y negativos). Esta refundamentación no significó de ningún modo abandonar el esquema planteado en la *Ética* de 1973; por el contrario, mantiene las categorías fundamentales de su ética de la liberación, como ya se ha mostrado. Siguen siendo éticas ana-lécticas.

La nueva fundamentación de la *Ética* de 1998 marca un «parteaguas» en la filosofía práctica de Dussel, pues luego del término de lo que se ha llamado aquí segunda ética de la liberación comenzó la reformulación

---

4   Cf. K-O. Apel y E. Dussel. *Ética del discurso y ética de la liberación, op. cit.*

de la política de la liberación, publicada por primera vez en 1979, e incluso su filosofía económica. Aquí se notan dos aspectos en la construcción de la filosofía de Dussel: 1) que en su esquema de reflexión, la ética guarda los fundamentos abstractos, generales, de su filosofía práctica y, debido a este punto, 2) cuando quiere hacer una reformulación de su filosofía práctica, especialmente de la política y de la economía, aunque no exclusivamente,[5] recurre en primer momento a replantear su *Ética*, pues esta contiene la reflexión de los elementos abstractos subsumidos en los campos prácticos: los niveles concretos de la cotidianidad el mundo.

Al final de esta obra, Dussel señala: «Estas *14 tesis de ética* no son ni un resumen ni una síntesis de las anteriores [versiones de la ética de la liberación], sino el despliegue de una narrativa filosófica que *completa* y *ordena* sistemáticamente de manera muy abreviada y conceptual las obras anteriores. Hay entonces una expresión mínima no exenta de novedades».[6] Ahora bien, cabría preguntarse en qué consiste completar y ordenar la ética de la liberación, así como en dónde radica la

5   Una vez que se ha pasado el largo camino del tomo III de la *Política de la liberación*, Dussel trabaja actualmente en su filosofía estética de la liberación, que ya ha subsumido la extensión de la explicación de los procesos de liberación que comienza en *14 tesis de ética*, es decir, la de los tres momentos de la política, o, en palabras de Dussel, las tres constelaciones de la política. Un primer esbozo de la estética en la que está pensando Dussel puede verse en E. Dussel, *Siete ensayos de filosofía de la liberación*, *op. cit.*, cap. 7.

6   E. Dussel, *14 tesis de ética*, p. 204.

novedad que se presenta en esta obra. La cita anterior coincide con lo que indica al comienzo del libro:

[En estas *14 tesis*] avanzo nuevas hipótesis de trabajo, como la definición de la ética como teoría general de todos los campos prácticos […] o el discernir claramente en la parte crítica de esta obra (segunda parte) el momento *negativo* de los principios […] del momento *positivo* […], lo que permite no solamente mayor claridad sino que explicita el momento normativo de-constructivo de un orden moral, éticamente injusto, dominador, frente al momento creador o innovador.[7]

De estos dos aspectos, el primero ha quedado claro; ahora bien, para mostrar la especificidad de esta tercera *Ética* con respecto a las anteriores, habría que enfocarse en el segundo.

La novedad que presenta esta tercera ética de la liberación está en su discernimiento nítido entre el momento crítico-negativo y el momento crítico-constructivo que intervienen analógicamente en el proceso histórico de la deconstrucción del sistema de dominación y que en las anteriores versiones de la *Ética de la liberación* quedan traslapados analíticamente. Este punto presentado en la tercera ética no es para nada menor, dado que la diferenciación entre ambos momentos, expresados también como el momento

7 *Ibid.*, p. 9.

crítico-negativo (de destrucción del viejo orden) y el momento crítico-positivo (de construcción del nuevo orden) no solo *exigió un rediseño de la ética dusseliana* sino también de su política de la liberación. También puede entenderse como extensión de una explicación que ya había comenzado cuarenta años antes, pero que no se había discernido con claridad: en las éticas anteriores ambos momentos aparecían como uno solo.

Expresado en los términos metafóricos empleados por Dussel, el momento de la destrucción-deconstrucción es el desierto exódico. Así, la novedad no es mínima, pues este momento de la praxis crítica no había sido planteado en las anteriores redacciones de la ética y la filosofía política de la liberación y se le confundía siempre con el momento constructivo crítico-positivo (creativo) del nuevo orden.[8] Muestra de ello es que tanto en su *Ética de la liberación en la edad de la globalización y la exclusión*, así como en sus *20 tesis de política*, Dussel formula *seis* principios de la acción, tres positivos y tres negativos, y no *nueve* como *ya lo exige* este discernimiento que comienza a bosquejarse en las *14 tesis de ética*. ¿Qué sucedió para que de pronto se comenzara a bosquejar una ética de la liberación con nueve y ya no con seis principios, como se ve reflejado en una lectura en conjunto de los tomos II y III de la *Política de la liberación*?

---

8 Este momento crítico-positivo es el *momento de la creación* (Rosenzweig), el de *la ontología del dolor* hacia una ética *como creación* (Negri). Cf. E. Dussel, *14 tesis de ética, op. cit.*, p. 159.

El evento que hizo que se modificara la exposición del tomo III de la *Política de la liberación* fue el largo diálogo sostenido entre Enrique Dussel y J. Zúñiga en Atenas, durante los días del XXIII Congreso de Filosofía en 2013.[9] En este diálogo se le hizo notar a Dussel un vacío que presentaba su filosofía práctica crítica, si es que esta tiene como uno de sus objetos explicar y orientar los procesos de liberación, a saber, la falta de una diferenciación explícita entre el momento deconstructivo-destructivo, como crítica-negativa de la totalidad dada, y el momento crítico-positivo de construcción de la totalidad por crear. De ese modo, poner atención a esta distinción, explicitarla e incluirla traería implicaciones profundas para la filosofía de la liberación, en particular para la política, a saber: una mayor comprensión, orientación y explicación de los procesos históricos de liberación aunado a la reflexión de la subsunción de los principios de la acción formulados por Dussel en dicho proceso. Sin duda todo esto traerá consigo repercusiones en el tercer tomo de la *Política de la liberación*.

9   En el § 35.12 de la *Política de la liberación, t. III. Crítica creadora, op. cit.*, presento una amplia explicación de cómo surge este diálogo y las motivaciones históricas y políticas por las cuales era necesario distinguir entre el momento crítico-negativo y el momento crítico-positivo de la política. La crítica u observación que se le hizo a Dussel, la recogió su ensayo «Las tres configuraciones del proceso de la política de la liberación», incluido en *Siete ensayos de la filosofía de la liberación, op. cit.*, cap. 1. Este texto expone el esquema que guiará la redacción colectiva del tomo III de la *Política de la liberación* y que está guiando la redacción de la estética de la liberación de Dussel.

El momento destructivo-deconstructivo que comienza a discernirse en *14 tesis de ética* no modifica el esquema de la filosofía de la liberación, pero sí lo altera, ya que *se hace explícito* que en este momento se subsumen de igual forma los principios éticos, los cuales no son otros que el principio material, de validez universal y factibilidad, aunque no son ya positivos de la totalidad dada, sino crítico-deconstructivos (o crítico-negativos, como aparecerán en el tomo III de la *Política de la liberación*), y que se diferencian de los principios *crítico-positivos*.[10] Esto ayuda a hacer visible que el momento destructivo-deconstructivo es uno analíticamente diferenciado del momento de la construcción de la nueva Totalidad, aunque en la praxis ambos aparecen traslapados y simultáneos (intersección del segundo y el tercer momento). En este sentido, en el momento destructivo-deconstructivo *también hay principios que cumplir* para que se pueda lograr éticamente y con éxito el arduo proceso político de la transformación del sistema dado y desmontar sus prácticas correspondientes.

Este momento de de-construcción es, dirá Dussel, «el dolor de la negación del orden que se organiza sobre el dolor originario de la víctima».[11] Es el momento en el cual el orden dado está sufriendo trans-

---

10   Esta diferenciación comenzará a esbozarse en las *14 tesis de ética* y logrará mayor madurez analítica en el tomo III de la segunda *Política de la liberación.*

11   *E. Dussel, 14 tesis de ética, op. cit.*, p, 135.

formaciones parciales, la voluntad de vida se expresa en la construcción de lo nuevo y se presentan un sinnúmero de contradicciones en la praxis deconstructiva entre lo subjetivado y objetivado del viejo orden y la idea y construcción de lo nuevo. Es, dirá Dussel, «el tiempo de la incertidumbre».[12] Por ello, la praxis deconstructiva-destructiva debe guiarse también por los principios críticos de la vida, de la validez intersubjetiva y de la factibilidad, pues ellos orientan la acción del bloque crítico, y a su vez este, al saber diferenciar este momento del momento de la construcción de lo nuevo, sabe que llegará el momento de *comenzar* a construir sobre *lo posiblemente* destruido.

Por otra parte, Dussel escribe: «la creación de lo nuevo se va concretando en el lento proceso de "tiempos de transición"».[13] Los tiempos de transición son precisamente los momentos de cambios parciales, no definitivos ni mucho menos drásticos, pero sí con los que se va avanzando hacia el proceso de transformación y construcción de la nueva totalidad. Esto implica no la eliminación de las instituciones, sino su transformación y construcción creativa. Dussel afirma sobre el momento destructivo: «Negar la negación del oprimido, del excluido. Es una obligación ética deconstructiva, de-structiva, aparentemente caótica, sin sentido. Sin embargo, esa apariencia anarquista (que va hacia: *anó*, el origen: *arkhé*) del desorden se transforma

---

12   *Ibid.*, p. 184.

13   *Ibid.*

en exigencia y condición de la creación futura del nuevo orden».[14]

Poner el acento en el «paso liberador negativo como lucha»[15] permite identificar la especificidad de esta tercera ética de la liberación con respecto a la *Ética* de 1998. Si tomamos el esquema de esta última, pareciera que la transformación del orden se da en el momento del acontecimiento fundacional de lo nuevo, esperando así que los logros de la praxis de liberación lleguen junto con él, lo cual históricamente no acontece así. Del acontecimiento fundacional, la irrupción histórica de los negados del sistema, a la creación del nuevo sistema ético *hay una gran brecha* que es justo el momento deconstructivo-destructivo, y sus logros son la transformación parcial del orden dado (tiempos de transición) por medio de la transformación de las instituciones vigentes y sus prácticas y costumbres. Este momento no puede ser entonces representado como una totalidad construida, sino como la intersección entre el orden dado y el nuevo por construir. Es, en otras palabras, la simultaneidad del orden fetichizado y el nuevo por construir que subsume los principios éticos críticos.[16]

Por otra parte, Dussel señala: «La izquierda por lo general sabe criticar: es el momento *negativo*. Pero cuando se debe edificar positivamente el nuevo orden

14 *Ibid.*, p. 135.
15 *Ibid.*
16 Estos temas serán explicados detenidamente en el tomo III de la *Política de la liberación*.

ético comienza la dificultad».[17] Dussel expresa en términos estrictamente políticos *la razón por la cual era necesario reformular la ética de la liberación*, pues esta es una teoría anclada a los movimientos sociales y populares, así como a los gobiernos progresistas que surgen de ellos. Es decir, si bien la praxis crítico-deconstructiva del sujeto colectivo de transformación (el pueblo) frente al orden fetichizado marca el momento destructivo-deconstructivo, el momento de los gobiernos progresistas emanados de los movimientos sociales y populares que asumen la delegación del poder para representar el nivel institucional de la comunidad política marca el momento crítico-positivo de construcción creativa del nuevo orden, entendiéndose como una vía estratégica más del proceso de liberación.

Recapitulando lo dicho hasta aquí: *14 tesis de ética* presenta como novedad dentro de la arquitectónica de la ética de la liberación el comienzo de la diferenciación del momento de la destrucción-deconstrucción (momento crítico-negativo) con respecto al sistema vigente, y del nuevo orden (momento crítico-positivo). Esto exigirá considerar ya no seis principios éticos, como en la *Ética* de 1998 y en *20 tesis de política*, sino nueve.[18] Si el diálogo con la ética del discurso y la pragmática trascendental de Apel, junto con las im-

17   E. Dussel, *14 tesis de ética, op. cit.*, p. 159.
18   Véase la segunda parte de *14 tesis de ética* para evidenciar la forma en que Dussel formula los seis principios correspondientes del momento crítico (negativo y positivo) de la moral del sistema vigente (primera parte). Cf. E. Dussel, *14 tesis de ética, op. cit.*, pp. 117 y ss.

portantes aportaciones de Hinkelammert en este diálogo, fueron un punto de inflexión en la filosofía de la liberación de Dussel, el diálogo en Atenas en 2013 marcó otro, exigiéndole rediseñarse para poder ser más precisa en la explicación y comprensión de los procesos de liberación desde una perspectiva filosófica.

EL TOMO III
DE *POLÍTICA DE LA LIBERACIÓN*.
UN TRABAJO DE INVESTIGACIÓN
Y ESCRITURA COLECTIVO

El tomo III de la *Política de la liberación* es uno de los libros más esperados de la obra madura de Dussel. Desde que se había publicado el tomo II en 2009, ya se esperaba el tercero. Sin embargo, el proceso se detuvo y no fue precisamente por falta de voluntad del autor, sino porque en el fondo Dussel intuía que si no había un cambio radical, el tercer tomo de la política sería una copia de la *Ética* de 1998, teniendo la intuición de que el filosofar sobre el campo político supone una mayor complejidad que la ética, aún más si este tomo estaría dedicado a los procesos de transformación y liberación. Así pues, la razón por la cual el tomo III se detuvo fue por la intuición de que hacía falta algo estructural que le diera mayor alcance a la política de la liberación en tiempos de la llegada de gobiernos progresistas en América Latina surgidos de los movimientos sociales y populares, y a la luz de frentes de izquierda, algunos de ellos de extrema izquierda,[1] que encontraron en los gobiernos progre-

---

1 No es el momento de exponer aquí esta problemática, pero remi-

sistas otro antagónico político, y en algunos casos simplemente otra cara del enemigo.[2] La clave llegó en 2013 durante el XXIII Congreso Mundial de Filosofía en Atenas, punto de partida hacia el tomo III.

Este último tomo de la *Política de la liberación* tiene una peculiaridad frente a los anteriores trabajos de Dussel: fue escrito a veintiocho manos. Se trata de una obra colectiva escrita por catorce autores.[3] El libro es el resultado del seminario de posgrado de Enrique Dussel en la Universidad Nacional Autónoma de México, en el cual durante tres semestres los autores presentaban avances de la investigación asignada por Dussel, como editor del tomo III, y cada una de las contribuciones se discutía en grupo. La selección de los autores no fue al azar: conociendo el perfil de cada uno de quienes contribuirían, Dussel designó los

---

timos al lector a los trabajos que han escrito Franz Hinkelammert, Enrique Dussel y J. Zúñiga sobre la factibilidad de la acción política, algunos de los cuales se relacionan en la bibliografía general del presente volumen.

2   Es la crítica de Dussel que citábamos en el capítulo anterior respecto a que, por lo general, la izquierda sabe criticar, pero cuando se trata de construir, comienza la dificultad. O bien la crítica a compañeros anarquistas que cifran el éxito de su lucha a la acción directa y de choque sin vislumbrar medidas políticas alternativas de liberación.

3   En orden de aparición de las contribuciones, los autores son: Enrique Dussel, Alicia Hopkins, Bernardo Cortés, Enrique Téllez, Jorge Zúñiga M., Mario Ruíz Sotelo, Gabriel Herrera, Carlos Juan Núñez, José Gandarilla, Omar García Corona, Jorge Luís Álvarez, Antonio Carlos Wolkmer, Lucas Machado y Álvaro García Linera.

capítulos a escribir. La tarea no era fácil, todos los trabajos tenían que estar en sintonía con los diferentes temas de la política de la liberación teniendo en cuenta las tres configuraciones (o constelaciones) del proceso de la política de la liberación, y especialmente las dos últimas.[4]

El tomo III, como un trabajo colectivo inédito para una obra tan importante en la producción de Dussel, presenta un despliegue conceptual y teórico tan amplio como rico. Está pensado para la intelectualidad militante de izquierda, así como para compartirlo con los propios militantes de los movimientos sociales y populares progresistas de izquierda: intenta fundamentar Otra política, más allá de la política moderna. Contiene desde desarrollos conceptuales y propuestas de interpretación de autores clásicos y problemáticas teóricas hasta la formulación de principios para los dos momentos críticos de la política, y viene a completar la obra esperada de Dussel, supervisada y coordinada por él.

Dado que esta es una política de principios, las siguientes líneas estarán dedicadas a mostrar cómo se formulan cada uno de los seis principios de la parte crítica de la filosofía política de la liberación. El punto a resaltar aquí es la diferencia en la forma de enunciación de los principios en el momento crítico-

---

4   De hecho, Dussel escribió el ensayo «Las tres configuraciones del proceso de la política de la liberación», ya citado, durante las sesiones del seminario, para fines didácticos de la exposición *in extenso* que se presentaría en el tomo III.

negativo (el momento de la destrucción) y el momento crítico-positivo (el momento de la construcción
creativa).[5]

Así, J. Zúñiga formula el *principio material crítico-
negativo* de la política como sigue:

> *Debemos producir y reproducir la vida de los oprimidos y*
> *excluidos, de las víctimas, y de la naturaleza, descubriendo las*
> *causas de dicha negatividad y deconstruyendo (o destruyendo)*
> *dichas causas institucionales, lo cual posibilitaría un mejor*
> *despliegue del momento creativo posterior como crecimiento*
> *cualitativo de la vida de la comunidad.*[6]

Dado que este principio corresponde al momento
crítico-negativo en el cual, por una parte, se enuncia
contra el sistema dado que no permite la vida de los
miembros de la comunidad política y, por otra, se sigue
el ideal (utopía) de salir de la situación negativa del
sistema dado a través de una praxis crítica y de liberación, se formula el siguiente principio trascendental
que funda el principio material crítico-negativo de la
política:

> *No podemos representarnos ninguna realidad práctica posible*
> *sin la vida del sujeto y de la naturaleza: cualquier represen-*

5 Exponemos a continuación los principios del volumen que se está
comentando, muchos de ellos tienen su versión preliminar en *20 tesis
de política* y su antecedente inmediato en *14 tesis de ética.*
6 Cf. E. Dussel (ed.), *Política de la liberación, t. III. Crítica creadora,*
op. cit., § 33.11, énfasis en el original.

tación de una realidad humana presupone al sujeto viviente y a la naturaleza».[7]

Mario Ruíz Sotelo enuncia el principio formal-crítico de la política, el *principio del consenso crítico-negativo*:

> *Normativamente el político (sea representante o ciudadano participante) debe, en primer lugar, negar críticamente la legitimidad del orden político vigente cuando se ha fetichizado, cuando deja de fundamentar un estado de justicia.*[8]

Yendo hacia la tematización de la factibilidad en la segunda configuración de la política de la liberación, J. Zúñiga presenta la formulación del *principio crítico-negativo de la factibilidad política*:

> *Ante la crisis del sistema político que vivimos, debemos militar como parte del pueblo, como comunidad política crítica eligiendo los medios y las acciones colectivas factibles y eficaces que permitan generar la transformación del sistema institucional opresor y/o excluyente teniendo en cuenta que se hace camino al andar.*[9]

Más adelante, este mismo autor propondrá dos tipos de fundamentación del principio crítico-positivo. Por

7   *Ibid.* Sobre estas dos vías de fundamentación cf. J. Zúñiga, «Ética del discurso y ética de la liberación: sobre la fundamentación del principio material», en *Ética y Discurso* 4, 1-2 (2019), pp. 161-181.
8   *Ibid.*, § 34.5, énfasis en el original.
9   *Ibid.*, § 35.13, énfasis en el original.

una parte, como principio de imposibilidad que explicita una irrebasabilidad del mundo real,[10] el cual se enuncia así: «*Ninguna realidad humana puede realizarse sin el sujeto viviente y la naturaleza*».[11] Principio que, expresado desde la política, se enuncia como sigue: «*Ninguna realidad histórico-política puede realizarse sin el sujeto viviente y la naturaleza*».[12] Este principio funda el principio material crítico-positivo de la política de la siguiente manera:

> *Debemos hacer posible que las víctimas que sufrieron en su corporalidad los efectos negativos del sistema de dominación (los/as excluidos/as, los negados/as, los/as ignorados/as por dicho sistema, incluida la naturaleza), puedan vivir en la construcción del nuevo orden político.*[13]

10   Cf. J. Zúñiga, «The Principle of Impossibility of the Living Subject and Nature», en *The CLR James Journal* 23, 1-2 (otoño de 2017), pp. 43-59. Precisamente Dussel se refiere a la fundamentación presentada en este ensayo en «Ética del discurso y ética de la liberación: un diálogo Norte-Sur», en J. Zúñiga (coord.), *Ética del discurso: perspectivas de sus alcances y límites*, México, Universidad Nacional Autónoma de México, 2021, pp. 121-139. También incluido en E. Dussel, *Siete ensayos de filosofía de la liberación, op cit.*, cap. 3.
11   Cf. E. Dussel (ed.), *Política de la liberación, t. III. Crítica creadora, op. cit.*, § 37.8 Énfasis en el original.
12   *Ibid.* Sobre esta fundamentación, cf. J. Zúñiga, «Ethics of Liberation and Discourse Ethics: On Grounding the Material Principle of Life», en A. Allen y E. Mendieta, *Decolonizing Ethics. The Critical Theory of Enrique Dussel*, Pensilvania, Penn State UP, 2021, pp. 107-126.
13   Cf. E. Dussel (ed.), *Política de la liberación, t. III. Crítica creadora, op. cit.*, § 37.8, énfasis en el original.

José Gandarilla retoma el principio crítico democrático que había expresado Dussel en *Hacia una filosofía política crítica*,[14] citándolo como sigue:

El «principio *crítico* democrático» […] debe incluir […] a todo un conjunto de sujetos políticos negados como tales o simplemente nunca descubiertos como «sujetos actuales» de dicha comunidad política de comunicación […]. Cuando el/la Otro/a es «invisible» en la exterioridad actual del sistema político debe efectuarse un «re-conocimiento» del Otro *como otro*, es decir, no simplemente como el sujeto que siendo reconocido puede integrarse a la comunidad política institucionalizada de la determinada manera política dada. Se trata que un «re-conocimiento» (el guion «–» indica un nuevo y más radical concepto de *An-Erkennung*)[15] del Otro excluido que obliga no a su «inclusión» […] como *igual*, sino como [Dis-tinto]. Es un «re-conocimiento» del Otro como obligación ética de creación de una *nueva* comunidad, nueva institucionalidad, que no significa retorno a la indicada «in-clusión», sino como «explosión» de la comunidad. En este caso existe una «con-vergencia» de los antiguos miembros (los «iguales») con el Otro ahora considerado como miembro con derecho a la [Dis-tinción] […]. El «principio *crítico* democrático» parte del consenso alcanzado por la comu-

---

14 Cf. *Id.*, *Hacia una filosofía política crítica*, *op. cit.*, pp. 163-164.
15 Dussel alude aquí al ya conocido libro de Axel Honneth *La lucha por el reconocimiento*. Cf. A. Honneth, *Kampf um Anerkennung. Zur moralischen Grammatik sozialer Konflikte*, Frankfurt del Meno, Suhrkamp, 1994.

nidad [Distinta] de los excluidos que constituye un nuevo criterio de validez *(Gultigkeit)*, de legitimidad. Mejor aún, desde el consenso válido de los excluidos, ilegítimo y necesariamente ilegal en el origen de la lucha por el *An-Erkennung*, contra la legitimidad vigente del sistema político en el Poder excluyente, el indicado «principio *crítico* democrático» declara la posible legitimidad de lo hasta ahora ilegítimo (los *nuevos* derechos descubiertos por los excluidos), y el comienzo de la corrupción del fundamento de la legitimidad de lo legítimo en el sistema hegemónico excluyente.[16]

Finalmente, Omar García Corona presenta una discusión sobre estrategia y táctica políticas a partir del abordaje de autores como Tsun Zu, Rosa Luxemburgo, Dussel, Mbembe, Hinkelammert, entre otros; discusiones que cobran relevancia sobre el tema.[17]

El tomo III significó un esfuerzo colectivo diverso que tuvo como hilo conductor el marco teórico y conceptual de la filosofía de la liberación a la vez de tener un ojo siempre puesto en los procesos de transformación y construcción de nuevos Estados, como los que se han llevado a cabo en América Latina y en las periferias hermanas del sistema-mundo-moderno-capitalista-neoliberal. El tomo III representa, pues, una teoría colectiva anclada al transcurso de la historia.

---

16 Cf. E. Dussel (ed.), *Política de la liberación, t. III. Crítica creadora*, *op. cit.*, § 38.6, énfasis en el original.

17 Cf. *Ibid.*, § 39, énfasis en el original.

TEORÍA Y PRAXIS.
EL COMPAÑERO DUSSEL

Al término del tercer tomo de la segunda *Política de la liberación*, Dussel comenzó a enfocar sus esfuerzos en la redacción de su estética de la liberación. Sin embargo, en el transcurso, le surgió una responsabilidad dentro del joven partido político de izquierda de México nacido en 2014: el Movimiento de Regeneración Nacional (MORENA).[1]

Este nombramiento no fue del todo sorpresivo. Su interés y vocación por la filosofía iba a la par de su

[1] MORENA es un partido de izquierda joven en México impulsado por Andrés Manuel López Obrador después de su salida del PRD y diseñado para ganar con él las elecciones presidenciales de 2018. En 2014 obtiene su registro como partido y desde 2015 comenzó a participar en procesos electorales locales y federales (estas últimas solo para Cámara Legislativa). En 2018 Andrés Manuel López Obrador gana con este partido, así como con la confianza y el apoyo de millones de mexicanas y mexicanos, las elecciones a la presidencia de la República por una abrumadora ventaja frente a sus oponentes. Desde ese año, MORENA es el partido gobernante en México, lo cual, implica otro tipo de retos mayúsculos. Aunque sea al margen, hay que comentar que previo a este cargo, Enrique Dussel fue elegido rector interino de la Universidad Autónoma de la Ciudad de México por el Consejo Universitario de dicha universidad.

interés por los asuntos públicos y la geopolítica. De ahí sus diálogos con Hugo Chávez, Álvaro García Linera y Carmen Bohórquez, entre otros; su constante participación en el Foro de São Paulo, así como un encuentro con el entonces Subcomandante Marcos (ahora Subcomandante Galeano), además de su acompañamiento de los movimientos sociales y populares.[2] De esto último surge su adhesión a MORENA, partido que emerge como un movimiento popular en respuesta al modelo neoliberal que comenzó a institucionalizarse en México desde 1982 y continuó galopante hasta noviembre de 2018.

Recordando a Antonio Gramsci y su participación activa como militante y en la dirigencia del Partido Comunista italiano, del cual se celebró el centenario de su creación en 2021, a José Carlos Mariátegui, marxista latinoamericano muy activo en el Partido Comunista de Perú a inicios del siglo XX, y a Paulo Freire, militante activo en el Partido de los Trabajadores de Brasil, entre otros, Enrique Dussel se une a la lista de filósofos e intelectuales que se suman y optan por una vida partidista como un vehículo más para llevar sus causas y reivindicaciones: una vía más del arduo proceso de la liberación política en el caso de Dussel.

---

2   Sus expresiones públicas sobre los asuntos políticos, económicos e históricos de coyuntura los publicó mayoritariamente en el periódico *La Jornada*, una de las tribunas de expresión de la intelectualidad de izquierda latinoamericana e internacional. Algunos de estos artículos han sido publicados en la parte III de *Carta a los indignados, op. cit.*

En enero de 2020, semanas antes de que se declarara la emergencia sanitaria en México por la COVID-19, Enrique Dussel fue electo por el Congreso Nacional Extraordinario de MORENA como secretario nacional de Educación, Formación y Capacitación Política. Fue el segundo titular en la historia de esta secretaría que hasta principios de 2020 existía en el estatuto del partido, pero no había podido operar en las mejores condiciones.

Las tareas de formación política no eran nuevas para Dussel, menos aún vistas desde la opción partidista. Como ya se mencionó, *20 tesis de política* fue el resultado de una serie de veinte exposiciones a militantes de izquierda del entonces Partido de la Revolución Democrática (PRD), en las que exponía semanalmente cada uno de los temas y se discutía con los militantes. El borrador de cada capítulo, que después conformarían el libro, era el detonante de la discusión con la militancia.[3] Posteriormente las *20 tesis* será un libro de lectura básica para la formación de cuadros de izquierda, uno de los trabajos de Dussel con más reimpresiones y traducciones.

Después de la publicación de este libro, a la par de su actividad como profesor e investigador tanto en su

3   Precisamente en 2005, cuando Dussel llevaba a cabo este curso en la sede del partido, se preparaba la elección presidencial de 2006 en México cuando Andrés Manuel López Obrador se postulaba por primera vez como candidato del PRD. Si algo puede explicar el apoyo de Dussel a López Obrador y al obradorismo es la frase definida por este político mexicano: «Por el bien de todos, primero los pobres».

casa académica, la Universidad Autónoma Metropolitana, y en la Universidad Nacional Autónoma de México, además de los continuos viajes al extranjero para dictar cátedras y conferencias, Dussel no dejaba pasar oportunidad de participar en actividades de formación ética y política de la militancia de izquierda y de los funcionarios de gobiernos progresistas. También eran recurrentes sus participaciones con charlas y conferencias en manifestaciones públicas en apoyo a los movimientos sociales y populares, como las ofrecidas en julio de 2006 en el contexto del plantón masivo de Avenida Reforma que se instaló en repudio al fraude electoral contra Andrés Manuel López Obrador, quien participaba por primera vez como candidato a la presidencia de México. O bien aquella ofrecida en julio de 2016 en apoyo a los profesores que se manifestaban frente a la Secretaría de Educación Pública contra la reforma educativa neoliberal y la política de hostigamiento a los profesores del sector público de aquellos años.

Previo a su nombramiento como secretario nacional de Educación, Formación y Capacitación Política, y por ello miembro del Comité Ejecutivo Nacional (CEN) de MORENA,[4] daba clases de ética y filosofía política en MORENA con la intención de contribuir a la

---

4 Desde que fue nombrado, Dussel fungió como secretario *ad honorem*, es decir, no percibió ningún ingreso por parte del partido para desempeñar sus tareas. Un equipo de doce personas lo acompañó en 2021 en el largo camino de construir *desde cero* una Secretaría Nacional.

formación de una escuela de cuadros políticos en este partido.

Como secretario impulsó la formación ética y política de los militantes del partido. Cabe señalar que uno de los proyectos más relevantes en el segundo año[5] de su gestión fue el diseño, coordinación e impartición del diplomado «La otra política»[6] en 2021 que tomó como base de sus expositores a los autores del tomo III de la *Política de la liberación* y en donde semanalmente se daba una exposición de dos horas sobre cada uno de los parágrafos que componen esa obra, con retroalimentación a través de las redes sociales. Dadas las circunstancias sanitarias, el diplomado se impartió de manera virtual. A finales de 2021 comenzó a impulsar un programa nacional de formación ética y política para la militancia de MORENA en coordinación con los estados, así como a contribuir a la «revolución de las conciencias», una de las proclamas del proyecto de la Cuarta Transformación en México. A esto se suma el proyecto de vinculación con otros partidos latinoamericanos para realizar tareas coordinadas regionales de formación ética y política.

5   Cuando Enrique Dussel asume las funciones de secretario, a las pocas semanas se declara emergencia sanitaria y confinamiento domiciliario por la COVID-19, lo cual contribuyó a complicar la puesta en marcha del proyecto de formación política que tenía en mente.

6   Tanto en este diplomado como en todos los trabajos de formación política que dirigirá Dussel en la secretaría, al igual que las publicaciones dirigidas a la militancia de MORENA, se trabajará con el esquema de las tres constelaciones (o configuraciones) de la política con el cual su filosofía venía trabajando ya desde las *14 tesis de ética*.

Desde la Secretaría Nacional se impulsaron propuestas orientadas a la descolonización de la educación, la perspectiva de género, la formación del pensamiento crítico desde las escuelas primarias en las niñas y los niños, (y también los jóvenes), la defensa de los grupos en situación de vulnerabilidad y desventaja en la educación, entre muchos otros temas para la construcción de una agenda educativa progresista de izquierda. El hilo que orientó estos trabajos fue apoyar a las profesoras y los profesores del sistema educativo para pensar otras prácticas educativas.[7]

A lo anterior se suma el arduo proceso político para vincularse (en medio de un partido que fue rebasado en 2018 con el abrumador triunfo de Andrés Manuel López Obrador) con sus homólogos en los estados, con los cuales imprimió un espíritu de coordinación horizontal, además de una vinculación directa y simétrica con la militancia para la cual sigue impartiendo cursos de formación desde la Secretaría Nacional que él representa en MORENA, en donde se le conoce como «el doctor Dussel», también para muchos como «compañero Dussel».

---

7 Los trabajos que Dussel ha impulsado y dirigido como secretario nacional de Educación, Formación y Capacitación Política pueden consultarse en www.educacionyformacionpolitica.mx

¿AGOTAMIENTO
DE LA FILOSOFÍA DE LA LIBERACIÓN?

En su ensayo «Una década política argentina (1966-1976) y el origen de la "filosofía de la liberación"» Dussel cita un trabajo de 1976 en el que se señalaba:

> La filosofía de la liberación está llegando a sus últimas posibilidades. Es difícil que logre más enfoques y perspectivas fecundas de las que ya ha dado y que fueron en años anteriores un verdadero renacimiento en el pensar latinoamericano. En la medida en que esta filosofía —dado su intrínseco dinamismo— intente encarnarse más y más entrará en conflicto con la sociología, la historia e incluso con las mismas organizaciones políticas.[1]

La filosofía de la liberación, al menos en la versión de Dussel, no ha entrado en conflicto con las ciencias sociales ni con la historia: por el contrario, ha sabido

1 J. Hernández, «¿Filosofía de la liberación o liberación de la filosofía?», en *Cuadernos Salmantinos de Filosofía* III, 1976, p. 399, citado en E. Dussel, *Historia de la filosofía y filosofía de la liberación*, *op. cit.*, p. 78.

enriquecerse con los debates, conceptos y temáticas que han surgido de ellas. La filosofía de la liberación no ha dejado de debatir los temas filosóficos que han surgido a lo largo de la historia de la filosofía (occidental, latinoamericana y desde las periferias del Sur). No obstante, ciertamente trae debates a discusión que no responden a modas y tendencias, pues su *punto de referencia* es siempre la realidad de los más desfavorecidos. Si una ética filosófica o una filosofía política no piensa las bases prácticas normativas y políticas para *salir* de los niveles de exclusión y empobrecimiento inéditos que vivimos hoy en día, están destinadas a ser, en el mejor de los casos, relatos solo acumulados en una biblioteca.

Esto nos lleva a decir que lejos de que la filosofía de la liberación de Dussel haya llegado a sus últimas posibilidades, ella está más viva que nunca, pues ha sido una filosofía en constante construcción y recreación, no libre de vacíos y de amplios alcances. No es estática, sino que intenta caminar con la realidad a sabiendas de que esta última siempre excederá al pensamiento. Varios temas que hoy en día están en la palestra a debate y discusión, como el de la descolonización, ya habían sido tomados con seriedad por Dussel desde finales de la década de 1960 y principios de la de 1970. Por eso no es casual que sea uno de los referentes destacados del pensamiento descolonial,[2] así como un

---

2   Son muchos los representantes y referentes del giro filosófico descolonial y del pensamiento descolonial; entre ellos destacan Aníbal

referente para pensar desde la filosofía el acontecer político e histórico de América Latina.[3]

Visto en perspectiva, Enrique Dussel es una de las maduraciones más serias de la generación de filósofos y filósofas que en las décadas de 1940 y 1950 comenzaron a insistir en darle forma y sustento a una filosofía desde América Latina. Insistir e ir hacia adelante es una característica suya. Si hoy en día hay interés por la filosofía latinoamericana y por sus aportes en cada

---

Quijano y Walter Mignolo. Cf. W. Mignolo, «El pensamiento decolonial, desprendimiento y apertura», en E. Dussel, E. Mendieta y C. Bohórquez (eds.), *El pensamiento filosófico latinoamericano, del Caribe y «latino» (1300-2000), op. cit.,* pp. 659-672; N. Maldonado, «El pensamiento filosófico del "giro descolonizador"», en E. Dussel, E. Mendieta y C. Bohórquez (eds.), *El pensamiento filosófico latinoamericano, del Caribe y «latino» (1300-2000), op. cit.,* pp. 683-697.

3   En el homenaje de 2021 a Dussel, rechazado en la Facultad de Filosofía y Letras de la UNAM como Curso de Cátedra Extraordinaria, se tuvo una variada presencia de destacados(as) filósofos(as) que han seguido con atención la filosofía de Enrique Dussel. Este homenaje, coordinado por J. Zúñiga, contó con la presencia de Adriana Arpini (Argentina), Yamandú Acosta (Uruguay), Boaventura de Sousa Santos (Portugal), Carlos Pereda (México/Uruguay), Eduardo Mendieta (Estados Unidos), Linda Martín Alcoff (Estados Unidos), Santiago Castro-Gómez (Colombia), Mauricio Beuchot (México), Amy Allen (Estados Unidos), Mario Ruíz (México), Pedro E. García (México), Silvana Rabinovich (México/Argentina), Ambrosio Velasco (México), Jorge Armando Reyes (México), Haydée García (México), Frederick Mills (Estados Unidos) y Jorge Zúñiga M. (México). Las contribuciones en el marco de este homenaje están en proceso de publicación; en ellas se podrán ver debates, diálogos y comentarios conceptuales, interpretativos y teóricos especializados en torno a la filosofía de Enrique Dussel de la mano de especialistas en el tema.

uno de los países fuera de los bordes de la propia región, es precisamente por estos filósofos y filósofas que insisten en alejarse de la filosofía sucursalera y pensar la realidad que nos aqueja desde la cotidianidad del mundo latinoamericano. Dussel insistió en ello y por eso es uno de los referentes intelectuales más importantes de América Latina.

Dussel ha intentado, con los recursos que ha tenido al alcance, responder con su propia filosofía a la pregunta de Salazar Bondy, a saber, si hay una filosofía auténtica en América Latina. De igual forma se tomó muy en serio la inclusión de América Latina y del Sur global en la historia. La filosofía de la liberación no es una filosofía nueva, por el contrario, recoge problemáticas de una larga tradición de América Latina, de los pueblos semitas y del Sur global:

> La ética de la liberación no quiere aparecer como novedad. Querría aparecer como una puesta al día de una tradición milenaria, pisoteada por el cinismo del capitalismo globalizador, que se pretende el máximo exponente de la ciencia y la razón, siendo en verdad una decadencia ética, irracional e insensible al dolor de las víctimas.[4]

Lo dicho aquí para la ética vale para la filosofía de la liberación. Por otra parte, querer demostrar que sí es

4   E. Dussel, *Ética de la liberación en la edad de la globalización y la exclusión, op. cit.*, p. 635.

posible filosofar desde la cotidianidad del mundo pe‑
riférico, le ha llevado a Dussel ya cinco décadas y
ahora sus bríos se ven con alcances que aún no se
dimensionan en sus justos límites.

EPÍLOGO

Enrique Dussel

Deseamos mostrar de manera muy resumida la columna vertebral en tres estadios del sistema categorial de
la filosofía de la liberación, como reflexión final de este
estilo latinoamericano de filosofar. Como un primer
estadio, debo indicar que la originalidad de la filosofía
de la liberación comienza por una distinción que aparece en su origen cronológico entre los capítulos 2 y
3 de *Para ética de la liberación latinoamericana* (publicada
en 1973). Había pensado exponer una ética ontológica
partiendo de la filosofía heideggeriana, y en un seminario organizado en Buenos Aires escuché hablar al
sociólogo O'Farrel, de quien descubrí la teoría de la
dependencia latinoamericana, que cambió el proyecto
de una ética ontológica. Y esto porque al mismo tiempo estaba leyendo la obra de Emmanuel Lévinas *Totalidad e Infinito* (1968) y consistió en situar el tema de la
superación de la ontología del *ser* en Martin Heidegger (en *Ser y tiempo*) desde la *alteridad* del Otro. Cambié entonces el proyecto, y comencé a exponer una
ética de la liberación del Otro, no ya como *ontología*

sino como una *metafísica* (en el sentido levinasiano).
Antes que el *ser* está el Otro, en la *exterioridad* del mundo. Esto unificaba a mis experiencias semitas de Nazaret, Israel. El Otro comunitario eran los pobres, el
pueblo en la economía y la política. Era el punto de
partida definitivo de la filosofía de la liberación.

Un segundo estadio se cumplió al descubrir en
Marx el tema de la *alteridad* del Otro. Contestando a
los ataques que enderezó Horacio Cerutti contra el
concepto de pobre y pueblo, desde un marxismo
althusseriano de moda en la época (1982), clasificán-
dome como populista, emprendí una lectura cronoló-
gica de la obra de Marx mismo en un seminario de la
UNAM desde ese año hasta 1993. Leímos comunitaria-
mente durante más de quince semestres escolares a
Marx; los alumnos en castellano, el profesor en alemán
y aun consultamos a los inéditos que se conservan en
el archivo de Sloterdijk (Ámsterdam) de Marx (siendo
del parecer de algún investigador el primer latinoamericano que lo hacía). En esos años publiqué seis tomos
sobre el pensamiento de Karl Marx en los que se prue-
ba con decenas de textos del original alemán que Marx
propuso que «el trabajo vivo *(Lebendige Arbeit)* es la
fuente *(Quelle)* creadora del plusvalor desde la nada del
capital *(shoepferishe Quelle des Mehrwerts aus Nicht von
Kapital).* Ante mi asombro (y hace más de veinticinco
años que lo expuse hasta en inglés, francés, alemán,
italiano, etc.) no he recibido una refutación negativa
sobre la propuesta. Se trata de la *creatio ex nihilo* de la
tradición semita (no digo judía, que es una de las tribus

palestinas, pero dentro de un conjunto de pueblos que incluye desde los asirios, y por supuesto al político y pensador autor del código llamado de Hammurabi hace alrededor de 3 600 años). En el «tiempo necesario», en la categorización de Marx, se *reproduce* el valor del salario y se *produce* el valor de la mercancía. Pero en el *plus tiempo* del *plus trabajo* «se *crea* plusvalor de la nada del capital». Esta terminología sonará muy rara a un marxista leninista ortodoxo, pero es estrictamente marxista. La exterioridad del «trabajo vivo» es así la exclusiva fuente *creadora*, porque ejerce un trabajo sin remuneración, sin intervención pecuniaria del capital; es decir gratis, no pago, «impago» *(unbezahlte)*; no meramente un trabajo *productor*, cuando crea plusvalor. Es una cuestión esencial en el marxismo *(sic)* de Marx. Además, el nuevo, largo y fecundo diálogo filosófico con Karl-Otto Apel (véase *Ética del discurso y ética de la liberación*), nos permitirá completar a la filosofía de la liberación con toda la temática formal de la validez de la pragmática del discurso filosófico que culminará en la *Ética de la liberación* de 1998.

Y un tercer estadio, donde la *alteridad*, del/la/ Otro/a se abre camino en el horizonte mundial; siendo la profundización, la precisión de una lógica de la liberación, una globalización de la *alteridad* en la problemática descolonial y transmoderna en la época de la lucha hacia la *segunda emancipación del Sur global* de todos los pueblos periféricos, siempre considerando la distinción propia y analógica de América Latina, tema desde el final de la década de 1950 en nuestro horizonte crítico. Es decir, no es ya España o Portugal del siglo XIX, no son ya Francia, Inglaterra u otras potencias europeas, ahora es Estados Unidos que nos trata y explota como reserva de bienes o riquezas primarios en su pretensión de uso de su «patio trasero», espacio exclusivo para ellos como la potencia racista, sexista, capitalista del norte de América. Por el medio plazo aparece con más evidencia el objetivo de una lucha de liberación en curso, desde cuyo horizonte nació, pero ahora con más conciencia del eurocentrismo disfrazado de un americanismo cada vez más asfixiante, la filosofía de la liberación como pensamiento crítico. En el tiempo próximo de la segunda emancipación la filosofía de la liberación debe terminar de exponer una filosofía de la explotación del ser humano sobre otros humanos, explotación dentro del horizonte de la temática del género (de manera central de las mujeres), del racismo, de los pueblos originarios, de una economía posneoliberal y capitalista, de una política de los pueblos progresistas de izquierda (como «bloque social de los oprimidos», al decir de Gramsci), y hasta de una estética de la liberación (que estamos escribiendo).

La tarea solo ha comenzado. Una *escuela* de filosofía de la liberación en ciernes tendrá mucha materia para ser pensada crítica y filosóficamente en el corto y mediano plazo. Es tarea de los que hoy son jóvenes.

BIBLIOGRAFÍA

APEL, K-O., *La transformación de la filosofía,* tt. I-II, Madrid, Taurus, 1985.

— y DUSSEL, E., *Ética del discurso y ética de la liberación,* Madrid, Trotta, 2004.

—, — y FORNET-BETANCOURT, R., *Fundamentación de la ética y filosofía de la liberación,* México, Siglo XXI-UAM, 1992.

ARICÓ, J. (coord.), *Mariátegui y los orígenes del marxismo latinoamericano,* México, Cuadernos del Pasado y Presente, 1980.

ARISTÓTELES, *Política,* México, UNAM, 2000.

ARPINI, A., «Mujer y filosofía en el surgimiento de la filosofía latinoamericana de la liberación (1969-1979). La *Revista de Filosofía Latinoamericana*», en *Estudios de filosofía práctica e historia de las ideas,* vol. 21 (2019), pp. 1-34.

BEORLEGUI, C., *Historia del pensamiento filosófico latinoamericano. Una búsqueda incesante de la identidad,* Bilbao, Universidad de Deusto, 2010.

BURGOS, E., *Me llamo Rigoberta Menchú y así me nació la conciencia,* México, Siglo XXI, 1988.

CERUTTI, H., *Filosofía de la liberación latinoamericana*, México, FCE, 1983.

DE SOUSA SANTOS, B., *Una epistemología del Sur: la reinvención del conocimiento y la emancipación social*, México, Siglo XXI-CLACSO, 2009.

DUSSEL, E., *Hipótesis para el estudio de Latinoamérica en la historia universal*, Resistencia, Universidad del Nordeste, 1966.

—, *El humanismo semita. Estructuras intencionales radicales del pueblo de Israel y otros semitas*, Buenos Aires, Eudeba, 1969.

—, *Para una de-strucción de la historia de la ética*, Santa Fe, Universidad Nacional del Litoral, 1970.

—, *Para una ética de la liberación latinoamericana*, tt. I-II, Buenos Aires, Siglo XXI, 1973.

—, *Método para una filosofía de la liberación. Superación analéctica de la dialéctica hegeliana*, Salamanca, Sígueme, 1974.

—, *El humanismo helénico*, Buenos Aires, Eudeba, 1975.

—, *Filosofía ética latinoamericana, t. III. De la erótica a la pedagógica de la liberación*, México, Edicol, 1977.

—, *Filosofía ética latinoamericana, t. IV. Política latinoamericana (Antropológica III)*, Bogotá, Universidad Santo Tomás, 1979.

—, *Filosofía ética latinoamericana, t. V. Arqueológica latinoamericana. Una filosofía de la religión antifetichista*, Bogotá, Universidad Santo Tomás, 1980.

—, *Praxis latinoamericana y filosofía de la liberación*, Bogotá, Nueva América, 1983.

—, *La producción teórica de Marx. Un comentario a los* Grundrisse, México, Siglo XXI, 1985.

—, *Ética comunitaria*, Cuenca, Ediciones Cristianas de Azuay, 1986.

—, *Hacia un Marx desconocido. Un comentario de los manuscritos del 61-63*, México, Siglo XXI, 1988.

—, *El último Marx (1863-1882) y la liberación latinoamericana. Un comentario a la tercera y cuarta redacción de* El capital, México, Siglo XXI, 1990.

—, «El proyecto de una filosofía de la historia latinoamericana», en *Cuadernos Americanos. Nueva Época* 35 (1992), pp. 203-218.

— (comp.), *Debate en torno a la ética del discurso de Apel*, México, Siglo XXI-UAM, 1994.

—, *Historia de la filosofía y filosofía de la liberación*, Bogotá, Nueva América, 1994.

—, *1492: el encubrimiento del Otro. Hacia el origen del «mito» de la modernidad*, La Paz, Plural Ediciones-UMSA, 1994.

—, *Ética de la liberación en la edad de la globalización y la exclusión*, Madrid, Trotta, 1998.

—, *Posmodernidad y transmodernidad. Diálogos con Gianni Vattimo*, México, Universidad Iberoamericana de Puebla, 1999.

—, *Hacia una filosofía política crítica*, Bilbao, Desclée de Brouwer, 2001.

—, *20 tesis de política*, México, CREFAL-Siglo XXI, 2006.

—, *Materiales para una política de la liberación*, México, Universidad Autónoma de Nuevo León-Plaza y Valdés, 2007.

—, *Para una erótica latinoamericana*, Caracas, El Perro y La Rana, 2007.

—, *Política de la liberación, t. i. Historia mundial y crítica*, Madrid, Trotta, 2007.

—, *Política de la liberación, t. ii. Arquitectónica*, Madrid, Trotta, 2009.

—, E. Mendieta y C. Bohórquez (eds.), *El pensamiento filosófico latinoamericano, del Caribe y «latino» (1300-2000). Historia, corrientes, temas, filósofos*, México, CREFAL-Siglo XXI, 2009, pp. 683-697.

—, *Filosofía de la liberación*, México, FCE, 2011.

—, *Carta a los indignados*, México, La Jornada Ediciones, 2012.

—, *Pablo de Tarso en la filosofía política actual y otros ensayos*, México, Ediciones Paulinas, 2012.

—, *Der Gegendiskurs der Moderne*, Viena, Turia + Kant, 2013.

—, *16 tesis de economía política: interpretación filosófica*, México, Siglo XXI, 2014.

—, *Filosofías del Sur. Descolonización y transmodernidad*, México, Akal, 2016.

—, *14 tesis de ética. Hacia la esencia del pensamiento crítico*, Madrid, Trotta, 2016.

—, *En búsqueda del sentido. Sobre el origen y desarrollo de una filosofía de la liberación*, México, Colofón, 2017.

—, *Las metáforas teológicas de Marx*, México, Siglo XXI, 2017.

—, «Ética del discurso y ética de la liberación: un diálogo Norte-Sur», en J. Zúñiga (coord.), *Ética del discurso: perspectivas de sus alcances y límites*, México, UNAM, 2021.

—, *Siete ensayos de filosofía de la liberación. Hacia una fundamentación del giro decolonial*, Madrid, Trotta, 2021.

—, «La otra historia del imperio americano. La crisis del colonialismo y de la globalización excluyente», en E. Dussel (ed.), *Política de la liberación, t. III. Crítica creadora*, Madrid, Trotta, 2022.

— (ed.), *Política de la liberación, t. III. Crítica creadora*, Madrid, Trotta, 2022.

FREIRE, P., *Pedagogía del oprimido*, Montevideo, Tierra Nueva, 1970.

González, P., «El colonialismo interno», en *Obras escogidas. Vol. I. Explotación, colonialismo y lucha por la democracia en América Latina*, México, Akal, 2017.

HABERMAS, J., *Teoría de la acción comunicativa*, tt. I-II, Madrid, Taurus, 1987.

HERNÁNDEZ, J., «¿Filosofía de la liberación o liberación de la filosofía?», *Cuadernos Salmantinos de Filosofía* III (1976).

HINKELAMMERT, F., *Ideologías del desarrollo y dialéctica de la historia*, Santiago de Chile, Paidós-Universidad Católica de Chile, 1970.

—, *Crítica de la razón utópica*, San José, DEI, 1984.

—, «La ética del discurso y la ética de la responsabilidad: una posición crítica» en *Cultura de la esperanza y sociedad sin exclusión*, San José, DEI, 1995.

—, «La teoría del valor de Marx y la filosofía de la liberación: algunos problemas de la ética del discurso y la crítica de Apel al marxismo», en *El mapa del emperador. Determinismo, caos, sujeto*, San José, DEI, 1996.

HOLLOWAY, J., *Cambiar el mundo sin tomar el poder*, Vilassar de Dalt, El Viejo Topo, 2002.

HONNETH, A., *Kampf um Anerkennung. Zur moralischen Grammatik sozialer Konflikte*, Frankfurt del Meno, Suhrkamp, 1994.

KANT, I., *Fundamentación de la metafísica de las costumbres*, Madrid, Tecnos, 2006.

LÉVINAS, E., *Totalidad e infinito. Ensayo sobre la exterioridad*, Salamanca, Sígueme, 1977.

—, *De otro modo que ser, o más allá de la esencia*, Salamanca, Sígueme, 1987.

LEYVA, G., *La filosofía en México en el siglo XX. Un ensayo de reconstrucción histórico-sistemática*, México, FCE-Secretaría de Cultura, 2018.

MALDONADO, A., GUERRA, S. y GONZÁLEZ, R., *Revoluciones latinoamericanas del siglo XX. Síntesis histórica y análisis historiográfico*, México, Universidad Michoacana de San Nicolás Hidalgo, 2006.

MALDONADO, N., «El pensamiento filosófico del "giro descolonizador"», en E. Dussel, E. Mendieta y C. Bohórquez (eds.), *El pensamiento filosófico latinoamericano, del Caribe y «latino» (1300-2000). Historia, corrientes, temas, filósofos*, México, CREFAL-Siglo XXI, 2009.

MARCUSE, H., *El hombre unidimensional. Ensayo sobre la ideología de la sociedad industrial avanzada*, Barcelona, Planeta, 1993.

Marquínez, G., «Enrique Dussel, filósofo de la liberación latinoamericana (1934-1975)», en E. Dussel, *Introducción a la filosofía de la liberación*, Bogotá, Nueva América, 1995.

Marx, K., *Das Kapital. Kritik der politischen Ökonomie*, i, iii, Berlín, Dietz, 1964.

— *El capital. Crítica de la economía política*, t. i, vols. 2-3, México, Siglo xxi, 1975.

Medin T., *Leopoldo Zea: ideología y filosofía de América Latina*, México, unam, 1983.

Mignolo, W., «El pensamiento decolonial. Desprendimiento y apertura», en E. Dussel, E. Mendieta y C. Bohórquez (eds.), *El pensamiento filosófico latinoamericano, del Caribe y «latino» (1300-2000). Historia, corrientes, temas, filósofos*, México, crefal-Siglo xxi, 2009.

Mills, F., *Enrique Dussel's Ethics of Liberation. An Introduction*, Nueva York, Palgrave Macmillan, 2018.

Pereda, C., *Pensar a México. Entre otros reclamos*, México, Gedisa, 2021.

Ramaglia, D., «La cuestión de la filosofía latinoamericana», en E. Dussel, E. Mendieta y C. Bohórquez (eds.), *El pensamiento filosófico latinoamericano, del Caribe y «latino» (1300-2000). Historia, corrientes, temas, filósofos*, México, crefal-Siglo xxi, 2009.

Said, E., *Orientalism*, Londres, Penguin, 1977 [trad. cast.: *Orientalismo*, Barcelona, Debate, 2013].

Salazar Bondy, A., *¿Existe una filosofía de nuestra América?*, México, Siglo xxi, 1968.

SOLÍS BELLO, N. L. *et al.*, «La filosofía de la liberación», en E. Dussel, E. Mendieta y C. Bohórquez (eds.), *El pensamiento filosófico latinoamericano, del Caribe y «latino» (1300-2000). Historia, corrientes, temas, filósofos,* México, CREFAL-Siglo XXI, 2009.

SÁNCHEZ, L. M., «Enrique Dussel en México (1975-1994)», en E. Dussel, *Introducción a la filosofía de la liberación,* Bogotá, Nueva América, 1995.

TOUSSAINT, L. *et al.*, «Pensadores y filósofos de la emancipación», en E. Dussel, E. Mendieta y C. Bohórquez (eds.), *El pensamiento filosófico latinoamericano, del Caribe y «latino» (1300-2000). Historia, corrientes, temas, filósofos,* México, CREFAL-Siglo XXI, 2009, pp. 739-751.

WEBER, M., *El político y el científico,* Barcelona, Altaya, 1995.

ZEA, L., *América como conciencia,* México, Cuadernos Americanos, 1953.

—, *América en la historia,* México, FCE, 1957.

ZÚÑIGA, J., «The Principle of Impossibility of the Living Subject and Nature», *The CLR James Journal* 23, 1-2 (otoño de 2017).

— «Ética del discurso y ética de la liberación: sobre la fundamentación del principio material», en *Ética y Discurso* 4, 1-2 (2019).

—, «El anonimato de la ética. El fundamento de la necrocrematística neoliberal», en F. Hinkelammert *et al.*, *Por una condonación de la deuda pública externa de América Latina,* Buenos Aires, CLACSO, 2021, pp. 95-124.

—, «Ethics of Liberation and Discourse Ethics: On Grounding the Material Principle of Life», en A. Allen y E. Mendieta (eds.), *Decolonizing Ethics. The Critical Theory of Enrique Dussel,* Pensilvania, Penn State UP, 2021.

—, «Factibilidad de la acción, una de las enseñanzas de Franz J. Hinkelammert», *Utopía y praxis latinoamericana* (Dossier: Utopía y Praxis en el humanismo crítico de Franz Hinkelammert), vol. 27, n.º 97 (2022).

APÉNDICE I
NOTA BIOGRÁFICA SOBRE ENRIQUE DUSSEL

Enrique Domingo Dussel Ambrosini nació el 24 de diciembre de 1934 en el poblado La Paz, provincia de Mendoza, Argentina. Sus antecedentes familiares se remontan a Europa: su madre, nacida en Buenos Aires e hija de inmigrantes italianos, y su padre, nacido en Buenos Aires y nieto de un inmigrante alemán llegado a Argentina en 1870. Previo a ingresar en la Facultad de Filosofía de la Universidad Nacional de Cuyo, Mendoza, asistió durante cinco años a la Escuela de Bellas Artes, hasta 1954, queriendo orientarse profesionalmente hacia el arte y la arquitectura. Desde muy joven participó en la política estudiantil como uno de los fundadores de la Federación Universitaria del Oeste (FUO) y como presidente del Centro de Filosofía y Letras. En esta etapa de política estudiantil estuvo preso junto con otros compañeros por la organización de huelgas contra Juan Domingo Perón en 1954.

Cursó la carrera de Filosofía en la Universidad Nacional de Cuyo, donde tuvo como maestros a Ángel González Álvarez, Antonio Millán Puelles, Mauricio López, Arturo Roig y Guido Soaje Ramos. Este último tuvo una relevancia especial en la formación filosófica inicial de Dussel por haber sido su profesor de ética, área sobre la cual seguirá mostrando gran interés.

Terminados sus estudios de licenciatura pasó diez años en Europa y Medio Oriente. En 1957 comenzó su doctorado en Filosofía en la Universidad Complutense de Madrid. Durante ese periodo tomó clases con José Luís López Aranguren y esporádicamente asistió a los cursos de Xavier Zubiri, Pedro Laín Entralgo y Julián Marías.

Estando en Europa emprendió su primer viaje a Jerusalén, donde permaneció dos meses y conoció a Paul Gauthier, obrero y sacerdote francés. Luego de esta corta pero gratificante experiencia de vida, regresó a Madrid para terminar la tesis doctoral, que tituló *La problemática del bien común, desde los presocráticos hasta Kelsen* (Madrid, 1959). Terminada la tesis, tomó la palabra de Paul Gauthier para regresar a Israel por dos años, donde trabajó como carpintero de la construcción en Nazaret y como pescador en el lago Tiberiades en el kibutz Ginosar, y tuvo la oportunidad de estudiar hebreo.

Esta experiencia dio a Dussel gran significación existencial, reflejada tanto en escritos posteriores como en el propio tejido de su filosofía:

Lo que sé es que después de dos años cuando decidí que era necesario volver a Europa, era completamente otra persona, otra subjetividad. El mundo se había invertido... ahora lo vería para siempre *desde abajo*. Era una experiencia existencial de indeleble permanencia: definitiva.[5]

De nuevo en Europa permaneció en París donde trabajó dos años como bibliotecario universitario; en 1963 regresó a la ciudad con una beca al Instituto de Historia Europea de Alemania. En París realizó la Licenciatura en Teología en el Instituto Católico y un segundo doctorado, en Historia, en la Universidad de la Sorbona bajo la dirección de Robert Ricard. Su tesis se tituló *L'episcopat hispanoamericain défénseur de l'indien (1505-1620)*.[6] Conoció a Paul Ricœur, quien fue invitado por él para participar en la Semana Latinoamericana (en 1964). Por la misma época conoció la fenomenología de Merleau-Ponty.

Durante su estancia en Europa realizó varias publicaciones, algunas de ellas aparecieron en *Esprit* (París) y otras en el CIDOC (Cuernavaca, México) del cual era miembro fundador Iván Illich. En marzo de 1967 regresó a Argentina, luego de diez años de estancia en Europa y Medio Oriente, integrándose como docente en la Universidad Nacional de Cuyo donde continuó su producción teórica e histórica y obtuvo la titularidad en Ética.

En su etapa de docente universitario comenzó el periodo de gestación de la filosofía de la liberación en

5   E. Dussel, *En búsqueda del sentido, op. cit.* p. 26.
6   Posteriormente publicada como *El episcopado latinoamericano, institución misionera en defensa del indio (1504-1620).*

Argentina en un contexto de movilización estudiantil y popular, producto también del diálogo con una generación latinoamericana de pensamiento filosófico, social, económico, político, literario, histórico y cultural. A esta generación argentina de la filosofía de la liberación pertenecen Arturo Roig, Juan Carlos Scannone, Enrique Dussel, Osvaldo Ardiles, Alberto Parisi, entre otros filósofos, profesores, profesoras y filósofas que surgen con este movimiento.

Su permanencia en su natal Argentina continuó hasta 1975. El 2 de octubre de 1973 Dussel y su familia fueron víctimas de un atentado con bomba ejecutado por la derecha peronista. En un contexto de aumento de la represión, Dussel fue expulsado de la Universidad Nacional de Cuyo en marzo de 1975, año en que comenzó su exilio en México, su país de residencia definitiva.

Una vez en México, Dussel se integró como docente en la recién creada Universidad Autónoma Metropolitana (UAM), entidad académica que surgió del movimiento estudiantil de 1968 en México. Dio clases de Estética y Filosofía de la Producción en la carrera de Diseño, en el campus Azcapotzalco; posteriormente se integró en el Departamento de Filosofía del campus Iztapalapa, donde obtuvo su dedicación exclusiva como profesor-investigador en el área de Ética y Filosofía Política. A la par dictaba cursos en los departamentos de Filosofía y de Estudios Latinoamericanos en la Facultad de Filosofía y Letras de la Universidad Nacional Autónoma de México (UNAM).

En su andar tuvo contacto con algunos de los filósofos y pensadores contemporáneos más prominentes de la época, tanto de América Latina como de Europa y Estados Unidos: de la primera destacan Juan Carlos Scannone, Arturo Roig, Leopoldo Zea, Franz Hinkelammert, Raúl Fornet-Betancourt, Hugo Zemelman, Adolfo Sánchez Vázquez, Bolívar Echeverría, Paulo Freire, Orlando Fals Borda, Martha Harnecker, Aníbal Quijano y Walter Mignolo. De Europa y Estados Unidos destacan: Boaventura de Sousa Santos, Paul Ricœur, Emmanuel Lévinas, Karl-Otto Apel, Jürgen Habermas, Ágnes Heller y Charles Taylor. Con algunos de ellos, como J. C. Scannone, K-O. Apel, R. Fornet-Betancourt, F. Hinkelammert, A. Quijano, W. Mignolo y B. de Sousa Santos, Dussel entabló una amistad duradera y representaron una inspiración en la construcción teórica y conceptual de su filosofía.

En México logró los máximos reconocimientos académicos que otorga el sistema de educación superior y de ciencia y tecnología. En 2010 obtuvo el reconocimiento de Profesor-Investigador Emérito por la Universidad Autónoma Metropolitana y en 2014 fue nombrado por el Sistema Nacional de Investigadores, del Consejo Nacional de Ciencia y Tecnología, Investigador Emérito, máximo grado del sistema de ciencia y tecnología mexicano. A la par, obtuvo varias distinciones y premios internacionales, entre ellos doctorados *honoris causa* en las universidades de Friburgo (Suiza), de Chile (Chile), Mayor de San Andrés (Bolivia), Santo Tomás (Colombia), de Buenos Aires (Argentina) y Nacional de Cuyo (Argentina). Ha sido profesor invitado en las universidades de Frankfurt, Harvard, Duke, Notre Dame, Colonia, Viena, Corea del Sur, Católica de Lovaina y Johns Hopkins.

Entre los reconocimientos obtenidos a nivel internacional se pueden destacar aquel del año 2009 cuando ganó con su tomo II de su *Política de la liberación* el Premio Libertador al Pensamiento Crítico organizado por el Ministerio de Cultura del Gobierno Bolivariano de Venezuela, así como el de 2019 cuando fue electo Miembro Internacional Honorario de la American Academy of Arts and Sciences (Estados Unidos).

Algunas de las responsabilidades relevantes que asumió Dussel en la esfera pública de México fueron su paso como rector interino de la Universidad Autónoma de la Ciudad de México (2013-2014) así como su elección (en enero de 2020) como secretario nacional de Educación, Formación y Capacitación Política del Movimiento de Regeneración Nacional (MORENA). El primer cargo lo asumió, por elección del Consejo Universitario, en medio de una crisis en dicha universidad, donde fungió como puente para el diálogo entre actores y sectores de la universidad y para traerla a una estabilidad política. El segundo lo asumió en un contexto en el cual MORENA, partido de creación joven de la izquierda mexicana, se situó como el partido ganador de las elecciones presidenciales en diciembre de 2018, interrumpiendo la hegemonía de las opciones partidistas defensoras de la institucionalización del libre mercado y el modelo neoliberal.

El 24 de diciembre de 2021 Enrique Dussel cumplió ochenta y siete años, edad a la que ha llegado como uno de los filósofos más destacados de América Latina y un profesor de filosofía cuyas clases serán recordadas por su pasión docente, así como por la amplia afluencia de estudiantes y profesores que llegaban puntualmente a escuchar su cátedra.

APÉNDICE 2
OBRAS DE ENRIQUE DUSSEL*

Hipótesis para el estudio de Latinoamérica en la Historia Universal, Resistencia, Universidad del Nordeste, 1966.

Hipótesis para una historia de la Iglesia en América Latina, Barcelona, Estela-IEPAL, 1967.

Historia de la Iglesia en América Latina. Medio milenio de coloniaje y liberación, Barcelona, Estela, 1967.

Cultura latinoamericana e historia de la Iglesia argentina, Buenos Aires, Pontificia Universidad Católica de Argentina, 1968.

El humanismo semita. Estructuras intencionales radicales del pueblo de Israel y otros semitas, Buenos Aires, Editorial Universitaria de Buenos Aires, 1969.

El episcopado hispanoamericano. Institución misionera en defensa del indio (1504-1620), tt. I-II, Colección Sondeos, México, CIDOC, 1969.

América Latina y conciencia cristiana, Quito, Editorial Don Bosco, 1970.

* La bibliografía completa de Enrique Dussel puede consultarse en www.enriquedussel.com

El episcopado hispanoamericano. Institución misionera en defensa del indio (1504-1620), tt. III-VIII, Colección Sondeos, Cuernavaca, México, CIDOC, 1970.

Para una de-strucción de la historia de la ética, Santa Fe, Argentina, Universidad Nacional del Litoral, 1970.

El episcopado hispanoamericano. Institución misionera en defensa del indio (1504-1620), t. IX, Colección Sondeos, México, CIDOC, 1971.

Caminos de liberación latinoamericana I. Interpretación histórica-teológica de nuestro continente latinoamericano, t. I, Buenos Aires, Latinoamérica Libros, 1972.

La dialéctica hegeliana, Mendoza, Ser y Tiempo, 1972.

América Latina: dependencia y liberación, Buenos Aires, Fernando García Cambeiro, 1973.

Para una ética de la liberación latinoamericana, tt. I-II, Buenos Aires, Siglo XXI, 1973.

Caminos de la liberación latinoamericana II. Teología de la liberación ética, Buenos Aires, Latinoamérica Libros, 1974.

El dualismo en la antropología de la cristiandad. Desde el origen del cristianismo hasta antes de la conquista de América, Buenos Aires, Guadalupe, 1974.

Método para una filosofía de la liberación. Superación analéctica de la dialéctica hegeliana, Salamanca: Ediciones Sígueme, 1974.

El humanismo helénico, Buenos Aires, Editorial Universitaria de Buenos Aires, 1975.

Filosofía de la liberación, México, Edicol, 1977.

Filosofía ética latinoamericana, t. III. De la erótica a la pedagógica de la liberación, México, Edicol, 1977.

216

Introducción a una filosofía de la liberación latinoamericana, México, Extemporáneos, 1977.

Religión, México, Edicol, 1977.

La pedagógica latinoamericana, Bogotá, Nueva América, 1977.

Desintegración de la cristiandad colonial y liberación. Perspectiva latinoamericana, Salamanca, Sígueme, 1978.

Filosofía ética latinoamericana, t. IV. Política latinoamericana (Antropológica III), Bogotá, Universidad Santo Tomás, 1979.

El episcopado latinoamericano y la liberación de los pobres (1504-1620), México, Centro de Reflexión Teológica, A.C., 1979

De Medellín a Puebla. Una década de sangre y esperanza (1968-1979), México, Centro de Estudios Ecuménicos, A.C., 1979.

Filosofía ética latinoamericana, t. V. Arqueológica latinoamericana. Una filosofía de la religión antifetichista, Bogotá, Universidad Santo Tomás, 1980.

Liberación de la mujer y erótica latinoamericana, Bogotá, Nueva América, 1980.

Praxis latinoamericana y filosofía de la liberación, Bogotá, Nueva América, 1983.

Historia general de la iglesia en América Latina, t. I/1. Introducción general a la historia de la Iglesia en América Latina, Salamanca, Sígueme, 1983.

Filosofía de la producción, Bogotá, Nueva América, 1984.

La producción teórica de Marx. Un comentario a los Grundrisse, México, Siglo XXI, 1985.

Ética comunitaria, Cuenca, Ediciones Cristianas de Azuay, 1986.

Los últimos 50 años (1930-1985) en la historia de la Iglesia en América Latina, Bogotá, Indo-American Press Service, 1986.

Hacia un Marx desconocido. Un comentario de los Manuscritos del 61-63, México, Siglo XXI, 1988.

El último Marx (1863-1882) y la liberación latinoamericana, México, Siglo XXI, 1990.

Las metáforas teológicas de Marx, Navarra, Verbo Divino, 1993.

Apel, Ricœur, Rorty y la filosofía de la liberación. (Con respuestas de Karl-Otto Apel y Paul Ricœur), Guadalajara, Universidad de Guadalajara, 1993.

Historia de la filosofía y filosofía de la liberación, Bogotá, Nueva América, 1994.

1492: el encubrimiento del Otro. Hacia el origen del «mito» de la modernidad, La Paz, Plural Ediciones-UMSA, 1994.

Introducción a la filosofía de la liberación, Bogotá, Nueva América, 1995.

Teología de la liberación. Un panorama de su desarrollo, México, Potrerillos Editores, 1995.

Ética de la liberación en la edad de la globalización y la exclusión, Madrid, Trotta, 1998.

Posmodernidad y transmodernidad. Diálogos con la filosofía de Gianni Vattimo, México, Universidad Iberoamericana de Puebla-ITESO, 1999.

Hacia una filosofía política crítica, Bilbao, Desclée de Brouwer, 2001.

20 tesis de política, México, CREFAL-Siglo XXI, 2006.

Filosofía de la cultura y la liberación, México, Universidad Autónoma de la Ciudad de México, 2006.

Materiales para una política de la liberación, México, Universidad Autónoma de Nuevo León-Plaza y Valdés.

Política de la liberación, t. I. Historia mundial y crítica, Madrid, Trotta, 2007.

Para una erótica latinoamericana, Caracas, Fundación Editorial el Perro y la Rana, 2007.

Marx y la modernidad. Conferencias de La Paz, La Paz, Rincón Ediciones, 2008.

Política de la liberación. t. II. Arquitectónica, Madrid, Trotta, 2009.

Filosofía de la liberación, México, FCE, 2011.

Carta a los indignados, México, La Jornada Ediciones, 2012.

Hacia los orígenes de Occidente. Meditaciones semitas, México, Kanankil Editorial, 2012.

Pablo de Tarso en la filosofía política actual y otros ensayos, México, Ediciones Paulinas, 2012.

Der Gegendiskurs der Moderne, Viena, Turia + Kant, 2013.

16 tesis de economía política: interpretación filosófica, México, Siglo XXI, 2014.

14 tesis de ética. Hacia la esencia del pensamiento crítico, Madrid, Trotta, 2016.

Filosofías del Sur. Descolonización y transmodernidad, México, Akal, 2016.

En búsqueda del sentido. Sobre el origen y desarrollo de una filosofía de la liberación, México, Colofón, 2017.

*Siete ensayos de filosofía de la liberación. Hacia una fun-
damentación del giro decolonial*, Madrid, Trotta, 2020.
Hacia una nueva cartilla ético-política, México, Movimiento de Regeneración Nacional, 2020.
Filosofía de la liberación. Una antología, México, Akal,
2021.
(ed.), *Política de la liberación, t. III. Crítica creadora*, Madrid, Trotta, 2022.

Traducciones al inglés

Philosophy of Liberation, Nueva York, Orbis Books,
1985.
Ethics and community, Nueva York, Orbis Books, 1988.
*The invention of the Americas: Eclipse of «the Other» and
the Myth of Modernity*, Nueva York, The Conti-
nuum Publishing, 1995.
*The underside of Modernity. Apel, Ricœur, Rorty, Taylor,
and the philosophy of liberation*, Nueva York, Huma-
nities Press International, 1996.
*Towards an Unknown Marx. Commentary of the Manus-
cripts of 1861-1863*, Londres, Routledge, 2001.
*Beyond Philosophy. Ethics, History, Marxism, and Theology
of Liberation*, Lanham, Rowman and Littlefield Pu-
blishers, 2003.
Twenty theses on politics, Durham, Duke University
Press, 2008.
Politics of liberation. A critical world history, Londres, SCM
Press, 2011.

Ethics of Liberation. In the age of globalization and exclusion, Durham, Duke University Press, 2013.
Anti-Cartesian Meditations and Transmodernity, La Haya, Amrit Publisher, 2018.

Traducciones al portugués

Para uma ética da libertação latino-americana I. Acesso ao ponto de partida da ética, São Paulo, Edições Loyola-UNIMEP, 1982.
Para uma ética da libertação latino-americana II. Eticidade e moralidade II, São Paulo, Edições Loyola–UNIMEP, 1982.
Para uma ética da libertação latino-americana III. Erótica e pedagógica, São Paulo, Edições Loyola–UNIMEP, 1982.
Para uma ética da libertação latino-americana IV. Política, São Paulo, Edições Loyola–UNIMEP, 1982.
Para uma ética da libertação latino-americana V. Uma filosofia da religião antifetichista, São Paulo, Edições Loyola–UNIMEP, 1982.
Filosofia da libertação, São Paulo, Edições Loyola–UNIMEP, 1982.
Etica communitária. Liberta o pobre!, São Paulo, Editora Vozes, 1986.
1492: O Encobrimento do Outro. A origem do mito da modernidade, Petrópolis, Editora Vozes, 1993.
Oito ensaios sobre cultura latino-americana e libertação, São Paulo, Editora Paulinas, 1997.

Ética da libertação. Na idade da globalição o da exclusão, Petrópolis, Editora Vozes, 2000.

20 Teses de política, São Paulo, Editora Expressão Popular-CLACSO, 2007.

A Produção Teórica de Marx. Um comentário aos Grundrisse, São Paulo, Expressão Popular, 2012.

Paulo de Tarso. Na filosofia política actual e 3 outros ensaios, São Paulo, Paulus, 2016.

TRADUCCIONES AL FRANCÉS

Étique communautaire, París, Les Éditions du Cerf, 1991.

1492 l'occultation de l'autre, París, Les Éditions Ouvrières, 1992.

L'Éthique de la Libération. A l'ère de la mondialisation et de l'exclusion, París, Editions L'Harmattan, 2002.

La production théorique de Marx. Un commentaire des Grundrisse, París, L´Harmattan, 2009.

Vingt thèses de politique, París, L'Harmattan, 2018.

TRADUCCIONES AL ITALIANO

Etica comunitaria, Aris, Cittadella Editrice, 1988.

Filosofia della liberazione, Brescia, Editrice Queriniana, 1992.

L'occultamento dell «Altro». All origene del mito della modernità, Celleno, La Piccola Editrice, 1993.

Un Marx Sconosciuto, Roma, Manifestolibri, 1999.

Etica della comunicazione ed Etica della liberazione, Ná-
poles, Editoriale Scientifica, 1999.
Pedagogica della liberazione, Roma, Edizioni FERV, 2004.
L'ultimo Marx, Roma, Manifestolibri, 2009.
20 Tesi di politica, Trieste, Asterios Editore, 2009.
Indignados, Milán, Mimesis Edizioni, 2012.
14 tesi di ética, Roma, Castelvecchi Editore, 2019.

TRADUCCIONES AL ALEMÁN

Ethik der Gemeinschaft, Düsseldorf, Patmos, 1998.
Philosophie der Befreiung, Hamburgo, Argument, 1989.
*Von der Erfindung Amerikas zur Entdeckung des Anderen:
ein projekt der Transmoderne*, Düsseldorf, Patmos,
1993.
*Prinzip Befreiung. Kurzer Aufriß einer kritischen und ma-
terialen Ethik- (Kurz Ausgabe)*, Maguncia, Wis-
senschaftsverlag, 2000.
20 Thesen zu Politik, Berlín, Lit, 2013.
Der Gegendiskurs der Moderne. Kölner Vorlesungen, Viena-
Berlín, Turia+ Kant, 2013.

OTROS IDIOMAS

*1492: O encubrimento do Outro. A orixe do mito da Mo-
dernidade*, Santiago de Compostela, Monografías
Encrucillada, 1992.
Frigørelsesfilosofi, Copenhaguen, Forlaget Politisk Revy,
2008.